인생을 자기 뜻대로 사는 법

시마즈 히로이치 저
송 운 하 역

지 성 문 화 사

머리말

타고난 자기의 기질·성격 혹은 운명이라는 것을 당신은 고칠 수 없다고 체념하고 있지는 않은지 ──.

아무리 노력해도 일이 뜻대로 되지 않는 사람, 사업에서 실패만 하는 사람, 세일즈맨인데 도무지 성적이 오르지 않는 사람, 회사에서 동료에게 추월만 당하는 사람, 애인이 생기지 않는 사람, 언제나 돈에 곤란을 겪는 사람, 재난만 찾아드는 사람……. 이러한 사람들의 인생은 결코 즐거운 것이 되지 못할 것이다.

그리고 이토록 즐겁지 못한 나날을 우울한 기분으로 살아가는 사이에, 어느새 나이가 들고 만다. 이렇게 되면 그 사람의 인생이라는 것은, 평생 동안 구름 낀 하늘, 장마 날씨와 같은 것이어서 대체 몇십 년을 무엇 때문에 살아왔는지 모른다.

이것은 대체 누구의 책임일까? 운이 나빴던 탓일까? 재수가 없었던 탓일까? 타고난 기질, 성격 탓일까?

실은 그 어느것도 아닌 것이다. 그것은 그 사람이 자신의 내부에 있는 잠재능력이라는 것의 존재를 모르고, 혹은 알고는 있어도 유익하게 활용하려 하지 않고, 부질없이 본의 아닌 인생을 디자인해버린 결과인 것이다.

과학이 눈부시게 발달된 오늘날에 있어서도, 세상에는 과학적으로 설명할 수 없는 일들로 가득 차 있다. 인간의 사고

방식이나 행동으로도, 신비하다든가 불가사의하다고 밖에는
생각할 수 없는 예는 독자 여러분도 한두 번 경험한 적이 있을
것이다. 이 광대한 우주에는 무엇인가 거대한 의지, 힘이라는
것이 숨겨져 있으며, 그것이 때로는 우리들의 눈에 신비라든가
불가사의로 밖에는 설명할 수 없는 사상(事象)을 만들어내고
있다.

그리고 인간도 또한 우주의 한 존재이기 때문에 이러한
신비적인 힘을 당연히 자기 내부에 가지고 있다. 위대한 학
자나, 예술가는 두 말할 나위도 없고, 현실적인 곳에서도 그
러한 신비로운 힘을 훌륭하게 발휘한 사람은 허다하다. 이
세상의 성공자나, 매일매일을 활발하게 살고 있는 사람이나,
건강하게 지내는 사람은 모두 우주 속의 하나의 존재로서
주어진 힘을 훌륭하게 발휘하고 있는 것이다.

우주가 우리에게 준 이 신비로운 힘이 바로 '잠재능력'이
다. 잠재능력에는 거의 무한정이라 해도 좋을만큼 가능성이
숨겨져 있으며, 그것을 잘 이끌어낼 수만 있다면, 어떠한 사
람이라도 자기가 생각하는 대로 살아갈 수 있는 것이다.

이 사실을 아느냐 모르느냐 하는 것은 매우 중요하다. 만약
모른다면 그 능력은 당신의 내부에서 평생토록 잘 작용하지
못하고 말게 된다. 말하자면 보물을 썩히는 것과 같다. 만약

●

그것을 알고 당신이 잘 이용한다면 당신은 사업에 성공도, 돈
벌이도, 사회적인 명성도, 사랑이 가득찬 생활도, 모두 생각
하는 그대로 소망하는 것 모두를 이룰 수 있게 되는 것이다.

이 책은 인간이라면 누구나 평등하게 가지고 있는 잠재능
력이라는 것이 어떠한 것이며, 어떻게 활용해야 되는가를 저자
나름대로의 관점에서 오랜 시일에 걸쳐서 연구해온 결과를
될 수 있는 대로 알기 쉽게 저술했다.

또한 이 책을 통해서 한 사람이라도 자신이 소망하는 인생을
얻을 수만 있다면 더이상 기쁜 일은 없을 것으로 생각한다.

　　　　　　　　　　　　　　　　　저자 씀

****

차 례

제 5 장 셀프 콘트롤과 메디테이션

제 6 장 믿는 힘은 기적을 낳는다

＊＊＊＊＊＊＊＊＊＊＊＊＊＊＊＊

제 1 장
잠재능력이란 무엇인가?

****

1. 잠재능력의 수수께끼

우주(宇宙) · **생명**(生命) · **인간**(人間).

우리가 살고 있는 이 지구를 대우주 가운데에서 바라볼 때 그것은 하나의 조그마한 별(惑星)에 지나지 않는다. 항차, 그 조그마한 땅덩이 위에서 살고 있는 인간은 적어도 물리적으로는 거의 문제가 될 수 없을 만큼 허무한 존재라고 말할 수밖에 없다.

우리들은 누구나 어린 시절 밤하늘을 바라본 경험이 있을 것이다. 그들은 그때 무엇인가 느끼는 바가 있었을 것이다.

"어쩌면 저렇게 웅대할 수가 있을까!"

"저 많은 별들의 끝에는 대체 무엇이 있단 말인가?"

"저 별들도 지구와 똑같이 생겼을까?"

하고 말이다.

우주의 무한대함과 신비로움, 그리고 불가사의하다는 생각을 몸소 느꼈을 것이 틀림없다. 나도 어린 시절에는 위험한 장난이니까 하지 말라는 어른들의 꾸지람을 무릅쓰면서, 어른들의 눈을 속여가며, 몰래 지붕 위에 올라가 밤 하늘에 가득히 반짝이는 수많은 별들을 날이 밝는 것도 모르고 바라보던

****

기억이 아직도 생생하게 남아 있다.

그 당시 내가 느끼고 있던 것을 명확하게 파악할 수는 없었지만, 어른이 된 지금에 와서 돌이켜보면, 그 당시 나는 무엇이라고 형용할 수 없는 감동을 맛보았던 것 같다. 아마도 그 감동이란 자신의 존재와 우주와의 상관 관계가 그 불가사의함에서 생긴 일이 아닐는지 사람에 따라서 그 표현 방법은 각기 다를지라도 대우주의 신비함에 압도되었다는 생각은 누구나 느껴본 일이라고 생각한다.

태고의 인류, 다시 말해서 우리들의 조상도, 그 당시 밤하늘에 반짝이는 별들을 바라보면서, 우리나 마찬가지로 감동을 맛보았을 것이다. 어찌 되었든 당시는 과학 따위는 전혀 발달하지 않았던 시대의 일이다. 삼라만상 그 모두가 신비롭게만 보였을 것은 상상하기에 어렵지 않다.

"우주의 끝은 도대체 어떻게 생겼을까?"

이런 의문에 대한 해답의 하나로서, '무한(無限)'이란 낱말이 준비되어 있으나, 애석하게도 우리들의 상상력은 유한(有限)하며, 그 대답은 쉽게 할 수 있을 것 같으면서도, 사실은 잘 알지 못한다.

"우주의 끝에는 또 무엇이 있을까?"

하고 계속 의문을 갖다 보면, 영원히 그 의문 속에서 맴돌게 되고 만다.

****

불법(佛法)의 가르침에 따르면, 우주란 둥근 원(圓)과 같은 것이어서, 시작도 끝도 없는 것이라고 설법한다. 다시 말해서 '지금 이 순간이야말로 영원하며, 이 영원은 바로 이 순간에도 있다.'라고 설명하고 있다. 이것을 알기 쉽게 말하자면, 시간도 공간도 없는 '무(無)'라고 하는 것이다. 불교에서는 흔히, '무의 경지로 들어가라.'고 하지만, 이 무아(無我)의 경지야 말로, 인간이 우주와 관계를 맺는 의식(儀式)일지도 모른다. 그렇기는 하지만, 원(圓)이니, 무(無)니 하고 말로만 한다 해서, 이것만으로 사람들에게 납득이 가도록 하기는 어려울 것이다.

그러므로 우리들의 생각이 우주나 대자연의 신비로 치닫고 있을 때 다음과 같은 의문, 즉 생명이라는 문제가 대두될 것이다. 그리고 그 생명에 대해서 생각해 나가다 보면, 그것은 비단 인간만의 문제가 아니라는 것을 곧 알게 된다. 생명이란 낱말을 사용하다 보면 당사자인 인간이나 동물, 혹은 식물 등을 '생명체'로 연상하기 쉬우나, 우주 전체로서의 생명을 들여다본다면 우주 그 자체가 생명으로 가득차 있는 존재라는 것을 알게 된다.

이를테면 지구——.

우리가 살고 있는 이 지구는 과밀(夥密)한 생명체가 살고 있는 곳이지만 땅 속의 깊은 곳에서는 뜨거운 암장(暗漿：

rock magma)이 항상 태동하고 있다. 지구는 하루에 한 바퀴씩 자전하면서 1년 내내 태양의 주위를 빙글빙글 돌고 있다. 움직이고 있는 것은 지구만이 아니다. 달도, 화성(火星)도, 목성(木星)도, 토성(土星)도, 질서 정연하게 운행을 계속하고 있다.

　이 광대한 우주에는 수많은 혹성(惑星)과 항성(恒星)이 존재하고 있어, 그 수효는 실로 무한대이다. 그 별들 중에서 생물이 존재할 가능성이 있는 별은 수백만 개는 될 것이라고 천문학에서는 계산하고 있다. 그리고 지구는 그들 수백만 개의 별 중에서 젊은 축에 속한다고 한다. 유명한 천문학자인 호일의 학설에 따르자면 우리의 은하계(銀河系)에서는 유성조직(遊星組織)을 가진 '태양'이 무수히 많이 있으며, 또한 유성의 10분의 1은 생물이 살 수 있는 상태라고 한다. 그러나 인간과 같은 생물은 어느 태양계를 둘러보아도 살 수 있는 조건의 별은 거의 없다고 말하고 있다.

　또한 지난 날에는 영원불변이라고 생각되었던 항성——.

　이 항성도 생성과 소멸의 드라마를 연출하고 있다는 것이 명확해졌다. 우리들에게 무한한 혜택을 주고 있는 태양마저도, 앞으로 50억년이 지나게 되면 그 빛을 잃고 소멸해버릴 것이라고 한다. 우주의 혜택 그 자체가 끝없는 불가사의를 간직한 생명의 활동에 지나지 않는다.

****

생명은 영원불멸이라 하였고, 그 진화 과정에 있어서도 오늘에 이르기까지 여러 가지 변화를 거듭해 왔다. 분명히 원시적인 생명의 발생이라는 아메바에서 오늘날의 인간에 이르기까지에는 헤아릴 수 없이 많은 종류와 형태로 바뀌어 왔다.

이를테면 아메바, 파라메슘, 해면동물(海綿動物), 전항동물(前肛動物), 후구동물(後口動物), 극피동물(棘皮動物), 원색동물(原索動物), 어류(漁類), 파충류(爬蟲類), 포유류(哺乳類), 조류(鳥類) 등의 진화 과정에서 인류는 최초로 발생했으며, 인류의 원시 생활이 시작된 것이다.

이와 같이 생물 진화의 역사를 돌이켜볼 때, 생물의 에너지라 하는 것은 인간의 상식으로는 측량할 수 없을 만큼 '묘(妙)'한 것이며 매우 특이한 존재이다. 기나긴 진화 과정에서 때와 환경에 적응하고, 거기에 알맞은 유기체(有機體 : 몸통)를 창조하여, 물질과학으로는 생각도 할 수 없는 불가사의한 것이 살아왔다. 먼지와 같은 박테리아나, 아메바가 언젠가는 식물로 변하고, 때에 따라서 어느 것은 하늘을 날으는 새나, 물 속을 헤엄치는 물고기가 되었고, 물고기는 다시 공기 속에서 살 수 있는 방법을 터득해서 동물로 변할 수 있었던 것이다.

말하자면 우주에는 무엇인가 근원적인 힘, 에너지가 있어서 그것이 만물을 움직이고 있다. 그 에너지야말로 생명이다——

＊＊＊＊＊＊＊＊＊＊＊＊＊＊＊＊＊

라는 사고방식이 있으나, 그렇다면 우주의 영위도, 인간이나 식물의 생명 영위도 생명의 활동으로서는 마찬가지가 아니겠는가. 이렇게 생각하다 보면 어쩐지 이상한 생각이 들게 된다.

세 가지 수수께끼

우리가 종종 느끼게 되는 이러한 신비와 이상함이란, 우주라든가 대자연 따위의 커다란 대상 뿐만이 아니다. 가장 현실적이며, 얼핏 보아서는 아무런 이상도 없는 것 같은 현상이라도 자세히 관찰해 보면 놀라운 일들은 얼마든지 있다.

어느 과학자의 말에 따르면 세상에는 세 가지 수수께끼가 있다고 한다. 그것은 즉,

"우주란 무엇인가?"

"물질이란 무엇인가?"

"생명이란 무엇인가?"

의 세 가지이다. 물론 현대 과학은 이러한 문제에 대해서 전혀 무지하다고 할 수 만은 없다. 뿐만 아니라, 우주나 물질에 대해서, 생명에 대해서, 질적 양적으로 많은 것을 해명해 놓았다.

그러나 얄궂게도 새로운 수수께끼가 계속 생기기 때문에

****

과학자들은 현대의 과학 수준에 자부와 긍지를 가지면서도, 더욱 절대적인 자신과 확신을 가질 수 없는 기묘한 제자리 걸음을 계속하고 있는 것이다.

이를테면 생명에 대하여——.

대체로 지구상의 생명체라는 것은 산소를 필요로하는 것이 상식이다. 그런데, 어느 미생물 학자는 유전(油田) 가운데에서 석유를 먹고 사는 세균을 발견했다고 한다. 지하 2천 미터의 암흑 세계에서 이 세균은 어떻게 산소를 얻어냈을까? 이것은 초산(醋酸)을 분해하는 작용에 의해서 얻어내고 있었던 것이다.

담배의 잎에서 생기는 모자이크 병의 바이러스는 당초에는 무생물이라고 생각되었으나, 연구를 거듭한 결과 생명 활동을 한다는 것이 판명되었다. 결국 이 바이러스는,

'생물로 되기도 하고, 때로는 무생물로 변신하기도 한다.'고 해석하기에 이르렀다고 한다. 이들은 물질 과학의 입장에서 분석해 보면 마술이나 요술 같은 일이라고 밖에는 생각할 수가 없는 존재일 것이다.

최근 건강 식품으로 유명한 크로렐라 따위는 벌써 31억년 이나 전부터 존재하고 있었다. 그 생명력, 번식력은 매우 왕성해서, 이를테면 수폭실험(水爆實驗)으로 인하여 죽음의 섬으로 바뀌어, 생물은 모조리 죽어 없어졌다고 생각되었던 늪

****

지나 웅덩이에 아직도 살아 있었다든가, 해발 5천 5백 미터의 산마루의 바위 거죽에 붙어 있던 새까만 반점을 따다가 조사해보았더니, 살아 있는 크로렐라의 존재가 확인되었다는 둥 에피소드도 허다하다.

더욱이 단순한 생명체의 강인함, 그 생명의 존재 형태가 불가사의함에 눈길을 돌려보면, 고등생물, 그것도 만물의 영장이라고 자칭하는 인간의 생명 활동은 좀 허무하게 느껴질지도 모른다. 그러나 결코 그렇지만은 않다. 인간은 우주에 비하면 분명히 원자(原子)의 미립자와 같이 미세한 존재일지도 모르겠으나, 한편 분자나 원자와 비교해볼 때, 그것은 거대한 대은하계(大銀河系)의 우주와도 같은 존재라고도 할 수 있다.

매크로의 대우주와 마이크로의 세계인 원자의 중간에 인간이라는 소우주의 존재가 있고, 마이크로인 원자나, 분자의 세계에도 인간의 능력으로는 발견할 수 없는 네오마이크로(초미립자)의 세계가 존재하고 있으니, 그 미래에는 또 무엇이 있을지 영원히 끝이 없을 것만 같다. 그리고 그 미래의 근원이야말로 생명의 실체가 존재하는 것이 아닐까. 다시 말해서 매크로의 세계와 마이크로의 세계는 그 접점을 하나로 하고 있는 것이 아닐까?

참으로 묘한 이야기가 되고 말았지만, 그러면 이 '묘(妙)'

****

라는 말에 대하여 생각해 보자. 우리들은 이해할 수 없는 문제나 판단하기 어려운 사건을 만나게 되면 '묘한 일' '묘한 이야기'라는 말을 곧잘 사용한다. '묘'란 불교에서 나온 말로서, '묘법(妙法)'이란 대우주의 법칙, 대자연의 법칙이라고 한다. 참으로 수긍할만한 묘한 이야기이다. 불교는 3천년 전부터 「법화경(法華經)」에서 이 생명이나 우주관에 대하여, 예리한 통찰을 하여 그 가르침을 설파하고 있다.

인간이란 5감(五感)으로 느끼고, 육체 감각으로 알아내지 못하는 것이(과학적 실증) 없다고 그 존재를 무시하는 경우가 많다. 우주에는 물질보다도 정묘한 것이 존재하고 있다.

인간이 느낄 수 없다고 해서 그것을 존재하지 않는다고 단정하는 것은 너무나 경박하고 비관적이라는 비난을 들어도 어쩔 수 없는 것이다. 만일 생명이란 어디에 있느냐고 물어도 그것을 보여줄 수는 없다. 그렇다면 없다는 말인가?

아니다! 엄연히 현재에 존재하고 있는 것이다. 대자연 속의 만물의 존재는 이렇게 헤아릴 수 없는 생명의 에너지에 의해서 그 어떤 목적을 가지고 운행되고 있는 것이다.

이를테면 인간이 탄생하는 신비에 대해서 생각해 보자.

인간이 진화된 역사를 돌이켜본다면 수정(受精)에서 출산까지의 과정은 열달 열흘만에 이 세상에 태어나게 되지만,

태내(胎內)에서의 태아 과정(胎兒課程)은 정자(精子)의 미립 자적 세계에서 벌레처럼 되고, 물고기처럼 되고, 모든 종류의 동물처럼 되고, 원숭이처럼 되어서 간신히 인간의 형태로 진화되는 것이다. 인간이야말로 이 대자연이 만들어낸 최고의 작품인 것이다.

그것은 신비성을 간직한 인간의 신체 구조의 한 예를 들어보아도 잘 알 수 있다. 이것은 마치 인간의 역사를 타임머신처럼 역행시켜서, 아직 인간이 미생물이었을 무렵의 기나긴 진화 과정을 재현해 보이는 것과 같은 것이다. 더욱이 대우주의 생명 에너지를 불어넣고, 대우주의 정밀함으로 인간은 살게 되는 것이다.

▲ 우주로서의 인간

인간의 신체적인 구조를 과학적, 의학적으로 살펴본다면, 그것은 우주에 못지 않은 것임을 잘 알 수 있다. 그것은 거의 신비적이라고 해도 좋을 정도이다.

가령 간장(肝臟)을 예로 들어보자.

간장은 말할 것도 없이 신체 속으로 들어오는 여러 종류의 유독 물질을 분해해서 몸 밖으로 배출하는 작용을 하고 있는데, 이 간장 기능에 필적하는 화학 작용을 인공적으로 하려 한다면, 그러기 위해서는 공업 단지의 몇 배에 해당하는 큰 규모의 공장을 필요로 하게 된다고 한다.

이것이 대뇌(大腦)의 작용일 경우에는 간장의 그것과는 비교도 안 된다. 무게로 말하자면 약 1천 5백그램 정도의 핑크 색을 띤 조그마한 덩어리, 이것이 인간의 뇌(腦)이다. 여기에는 1백 40억 개나, 2백억 개의 막대한 숫자의 뇌세포가 모여서 여러 가지 작용을 하고 있다. 기억, 사고(思考), 판단, 계산 ……

모든 인간의 활동력의 근원은 이 대뇌에서 일어나고 있는 것이다. 이렇듯 수많은 뇌세포는 하나 하나가 정밀하고, 더 없이 우수한 미니 트랜지스터의 전자관(電子管)과 같은 것이며, 이것이 모여 있는 인간은 마치 정확한 대 콤퓨터라고 볼 수 있다. 그리고 오토 파일로트(자동 제어장치)이며, 대자연의 우주 속에서 별들이 운행하는 것처럼 정확한 것이다. 만약 한 사람의 뇌세포 작용에 필적할 만한 인공 두뇌를 만들자면, 현재의 고도로 발달된 일렉트로닉스 기술을 모두 구사한다고 해도, 그 크기는 지구 만큼이나 큰 규모로 되어버릴 것이다.

혈관도 한 가닥으로 연결해 보면 놀라우리 만큼 길다. 한 사람의 혈관을 모세혈관(毛細血管)까지 포함해서 계산하면,

그 길이는 무려 9만 6천킬로미터로 지구를 두 바퀴나 돌고도 남을 만큼 길다.

이와 같이 인간의 신체를 분석, 해부해 보면 단 한 사람만으로도 물리적으로는 지구의 규모를 초월한다. 그러면서도 그것은 각 기관(器管), 각 세포가 각자의 역할을 훌륭하게 다하고 있는 것이다. 인간의 세포 수는 약 60조(兆)라고 하며, 그 하나하나의 세포도 인간과 마찬가지로 뇌를 가지고 있으며, 정밀한 내장 기관을 갖추고 있는 하나의 생명체이다. 이것을 한 개인의 인간으로서 생각할 경우, 우주의 인간 수는 60조라고 말할 수 있다. 현재 지구상의 인구를 약 40억이라 가정할 경우, 무려 1만 5천배에 달하게 된다. 다시 말해서 한 사람의 신체는 1만 5천개의 지구를 합친 만큼이나 대규모의 운영을, 그것도 일사불란하고 쉬는 일도 없이 하나의 생명체로서 통일과 조화를 유지하고 있으니 신비하다는 말 밖에는 달리 할 말이 없다.

여러분 중에는 잘 알고 있는 사람도 있을지 모르겠으나, 오래 전에 《마이크로의 결사권(決死圈)》이라는 외국 영화가 있었다. 이것은 SF 과학 영화에 속하겠지만, 그 착상이 기발한 것이어서 재미 있었다. 그 내용을 대략 간추려서 설명해 보자.

시대는 미래.

어느 위대한 학자의 뇌에 종양(腫瘍)이 생겨서 수술을 하지 않으면 안 되게 되었다. 그러나 수술하기에는 너무나 위험해서 도저히 할 수가 없었다. 국가적인 두뇌이기 때문에 실패가 용납되지 않기 때문이다. 그래서 다음과 같은 방법을 택하게 되었다.

잠수정(潛水艇)에 의사와 환자를 태우고, 이것을 마이크로 단위로 축소(그런 기술이 확립되어 있다는 가정에서이다.) 한다. 그리고는 주사액을 혈관으로 보내어 혈액의 흐름에 따라서 환부에 도달하게 하여 시술한다는 것이다. 스토리는 그밖에도 여러 가지를 엮어넣고 있으나, 그것은 아무래도 상관이 없다. 내가 감탄한 것은 신체 속의 아름다움과 장대함에 있다. 작중의 한 주역이,

'아! 마치 우주 속과 같구나!' 하는 세리프를 내뱉는 장면이 있는데, 인간의 신체를 마이크로적인 눈으로 들여다 보면, 바로 우주 그것이라고 해도 좋았다. 물론 이것은 하나의 영화라는 작품이긴 하지만, 인간의 육체 하나만 보더라도, 그 얼마나 위대하고 신비에 가득 차 있는지 알 수 있으리라고 생각한다.

****

숨겨진 힘 —— 잠재능력

본래부터 인간이 갖고 있는 숨겨진 힘, 그것은 잠재능력이다. 이 우주의 대자연을 움직이고 있는 근원적인 힘과 동량(同量), 동질(同質)의 무한한 에너지를 말한다. 잠재능력이란 말은 근대 이래에 사용된 말로서, 그것은 크리스트교에서 말하는 하느님, 불교에서 말하는 불(佛), 과학자가 말하는 법칙(法則)에 필적한다고 하겠다. 그밖에, 잠재의식(潛在意識), 무아(無我), 깨달음(覺), 계시(啓示), 우주 근원의 힘, 그리고 근원의 에너지 등 호칭은 얼마든지 있다.

어느 것이나 그 의도하는 바는 헤아릴 수 없는 우주의 지혜와 그 에너지를 가리키고 있다. 단 한 사람이 가지고 있는 잠재능력이라 할지라도 그만큼 가치가 있는 것이다. 예로부터 인간을 소우주라 말하고 있는데 육체적인 의미로나, 정신적인 의미로도 인간은 틀림없는 우주대의 존재라는 것을 잊어서는 안 될 것이다.

더욱이 그 능력은 어느 한 사람이라 할지라도 예외가 아니며, 모든 인간에게 평등하게 주어져 있다. 저 사람에게는 있는데 당신에게는 없는 것이 아니다. 당신 자신은 모르고 있어도 잠재능력은 당신의 마음 속 깊은 곳에 있어서 '뛰어나갈 차례'를 기다리고 있는 것이다.

****

그런데 현대의 우리들은 고도로 발달한 문명 사회에서 살고 있기 때문에 자칫하면 눈앞의 현실에 현혹되거나, 혹은 그에 대응하기에 너무나도 바빠서 인간이 본래 지니고 있는 숨어 있는 힘에 대해서 잊어버리기 쉬운 것이다. 그리고 그것이 많은 사람을 불행하게 하거나, 혹은 불행하지는 않다 하더라도 잊고 있는 것이다. 그러면 그 잠재능력이란 어떻게 해서 사용하면 좋을까. 그 성질이나 역량, 그리고 습성은 같은 정도의 재능과 성격, 환경을 고루 갖추고 있는 사람이라도, 어떤 사람은 성공해서 행복한 인생을 보내는데, 어떤 사람은 실패만 거듭해서 불행하게도 비통한 인생을 보내지 않으면 안 된다. 이것은 대체 무엇이 원인이고 어떠한 이유로 성공과 실패의 길을 걷지 않으면 안 되는 것일까? 분명히 잠재능력은 누구에게도 공통되어 있을 터인데 말이다. 우리들은 다시 한 번 인간이라는 것에 대해서 육체적으로나, 정신적으로나, 고쳐 생각하고 거기에서 미래를 향해, '무엇을 해야 하는가'를 생각해볼 필요가 있다.

인간은 예로부터 기도라는 것을 알고 있었다. 그것은 종교에 있어서 불가결한 것임은 더 말할 나위도 없는 일이지만, 종교가 아니라 하더라도 인간은 무엇인가에 대해서 기도해온 것은 틀림없는 사실이다. 그렇다면 인류는 누구에 대하여 기도해 왔던 것일까?

****

원시 시대의 우리들의 조상은 대자연 속에서 너무나 무력
했다. 공포나 피해를 입을 때마다, 그들은 기도했을 것이다.
이를테면 태풍이나, 지진, 산불, 화산의 폭발, 거대한 파충류나
맹수들로부터 몸을 지키기 위해서 기도했을 것이다. 어려운
일을 당할 때마다 인류는 대자연의 존재에 기도했던 것이다.
잠재능력은 그때부터 작용하기 시작했는지도 모른다. 그리고
기나긴 역사를 통해, 기도를 통해서 실패를 성공으로 바꾸어
왔고, 위대한 지혜로 바꾸어 왔었다. 그 원동력은 기도에 있
었다고 해도 지나친 말은 아닐 것이다.

왜냐하면, 기도란 '그렇게 되고 싶다'라는 소원(所願), 희
망, 욕구를 잠재의식에 입력하는 의식이기 때문이다. 그렇게
함으로써 잠재능력을 이끌어낼 수 있다는 것을 우리 조상들은
본능적으로 알고 있었다. 이것은 놀라운 인간의 지혜라고 밖
에는 말할 수 없다.

조상들이 볼 때, 오늘날 우리들의 문명은 참으로 경이적인
일이라 하겠다. 도저히 상상도 못했던 일일지도 모른다. 그
러나 그들도 결코 오늘날의 문명과 인연이 없던 것은 아니다.
불편한 점을 조금씩 편리하게 바꾸려 하였고, 연구를 계속한
결과의 집적(集積)이 오늘날의 문명이기 때문이다. 바꾸어
말하자면 과거의 모든 인류가 일체의 정념생활(情念生活)을

****

구현한 모습——그것이 현대다.

그런데 현대에 살고 있는 우리들이 조상보다 더 훌륭하게 잠재능력을 활용하고 있다고 말한다면, 아무래도 그렇게까지는 장담할 수 없을 것 같다. 왜냐하면 그것은 잠재능력이라 하는 것이, 아직도 수수께끼와 신비에 싸여있기 때문이다.

믿는 일에서부터 시작하자

우리 조상들은 수수께끼는 수수께끼로, 신비는 신비로 이를 소박하게 두려워하고, 존경하고, 그런 연후에야 이것을 활용했다. 그런데 과학적, 실증적인 사고 방식에 익숙해진 현대인은 거기에서 무엇인가 과학적 혹은 논리적인 뒷받침을 발견하지 않고는 신용할 마음이 내키지 않는다. 이것은 아무래도 곤란한 일이 아닐 수 없었다.

잠재능력에 대해서는 최근 과학적으로도 연구 대상이 되고 있으며 인간에게 그러한 능력이 갖추어져 있다는 사실은 거의 의심할 여지가 없게 되었다. 그러나 어째서 있는지, 어디에 있는지——하는 자세한 분석을 하다 보면, 아직도 수수께끼로 남아 있는 부분이 많다.

수수께끼의 부분이 많다고 해서, 인간에게 잠재능력이 있

****

다는 것을 부정할 수는 없다. 이를테면 사람에게 마음이라는 것이 있다는 것을 의심할 사람은 없으나, 그것을 명확하게 설명할 수 있는 사람은 없을 것이다. '어디에 있는지 설명할 수 없으니까, 역시 없는 것이다.'라고 말할 수 있겠는가? 잠재능력도 이와 마찬가지인 것이다.

일찌기 발명왕 에디슨이 전기를 이용해서 발명품을 발표하고 있었을 무렵, 어느 유명한 학자가 편지를 보냈다.

"에디슨 씨! 그대는 전기를 사용해서 훌륭한 도구를 만들어내고 계신데, 대체 전기란 무엇인가요?"

편지에 대한 에디슨의 답장은,

"잘 모르겠군요. 그렇지만 매우 편리한 것이기 때문에 나는 앞으로도 전기를 최대한으로 이용하려고 생각하고 있습니다."

전파에 대해서는 잘 알지 못해도, 우리는 라디오를 듣는다. 텔레비전에 어째서 화면이 나타났는지는 알지 못해도 텔레비전을 본다.

'어째서 화면이 나타나는지를 이해할 수 있을 때까지 나는 보지 않겠다.'고 하는 사람은 아무도 없을 것이다.

우리도 우선 잠재능력의 위대한 힘을 믿는 일에서부터 시작하지 않으면 안 된다. 믿기만 한다면 잠재능력은 우리들을 위하여 생각하지도 못했던 훌륭한 능력을 발휘해줄 것이 틀림없을 테니까……."

2. 초능력의 세계

초능력자들

우리 인간에게는 평상시의 사고(思考)나, 행동에서는 상상조차 할 수 없는 위대한 힘이 깃들어 있다는 것을 증명할 수 있는 적당한 재료, 그것은 일반적으로 초능력이라 부르는 세계에서 일어나는 사건일 것이다.

영어로 초능력을 'extra sensory perception(초감각)'이라고 말하는데 최근 그 머리 글자를 따서 ESP라고도 부른다. ESP란 듀크 대학의 초심리학(超心理學) 연구소장인 J. B. 라인 박사가 만들어낸 말이다. ESP에는 텔레파시(telepathy : 정신감응), 투시(透視), 예지능력(豫知能力 : 꿈이나, 환각이나, 예감 가운데 초감각적으로 미래의 사건을 知覺하는 것) 등이 있다.

이 부류에 들어가는 현상으로서는 염력(念力), 투시(透視) 텔레파시, 미래예지(未來豫知) 등이 그 대표적인 예라 할 수 있겠으나, 어찌 되었든 상식으로는 도저히 생각조차 할 수 없는 놀라운 사실이 잇달아 일어나고 있다. 지금 그 몇 가지 예를 들어보기로 하자.

****

　소련의 염력 초능력자(念力超能力者) 니나 크라기나는 콤
파스, 쿼런, 만년필 뚜껑, 성냥갑 등을 책상 위에 올려놓고, 이
물체에 손을 대지 않고도 움직이게 할 수 있었다. 이것은 과
학적으로 시험한 실험이었으나, 움직이게 한 것은 그녀가 지닌
염력이었다고 한다. 이런 현상을 물체이동(物体移動)이라고
하는데, 우리의 상식적인 세계에서는 도저히 생각할 수도 없는
일이다.

　이같은 염력의 일종으로 염사(念寫)라는 것이 있다. 집중
적으로 염력을 들여서 카메라의 셔터를 누르면, 피사체 이외의
영상(映象 : 염력이 들어 있는 영상)이 필름에 찍힌다는 이상한
현상이다. 이 염사의 권위자로 미국인 테드 세리오스라는 사
람이 있다. 그는 1969년 미국의 덴버에서 염사 실험을 행하
였다. 당연히 모든 각도에서 과학적인 체크가 행해졌다. 이
실험에서 그는 시카고의 자연사 박물관(自然史博物館)에 있는
원시인, 네안 데르탈의 그림을 투시하라는 요구를 받고, 그
것을 바탕으로 염사를 행했던 것이다. 그 결과는 훌륭한 성
공이었다. 실제로 그때 염사로 찍은 필름이 지금도 남아 있다.

　투시의 실제 예로 유명한 사람은 전세계에 널리 알려진
네덜란드의 초능력자 제럴드 크로워제트일 것이다. 그는 소년
시절 강물에 빠져서 익사하게 될 뻔한 것을 계기로 이상하게도
투시 능력을 몸에 익히게 되었다. 행방불명이 된 사람이나,

****

시체를 그 능력으로 발견 할 수 있게 된 것이다. 1975년 10월, 크로워제트는 72세의 노인으로부터 행방불명이 된 손자를 찾아달라는 의뢰를 받았다. 그는 행방불명이 된 경위를 자세히 듣고 나서 이렇게 말했다고 한다.

"안심하세요. 손자는 무사하니까요."

라고 말이다.

그리고 나서 그는 그 소년이 있는 장소를 정확하게 맞추어 냈다. 그는 투시 능력으로 이미 5천 건이나 넘는 범죄 사건 이나, 행방불명된 사건을 해결했다고 보고되고 있다.

그밖에도 레스토랑에서 식사 중에 케네디 미국 대통령의 암살 사건을 예지(豫知)한 직 딕슨(미국), 작곡을 배운 일도 없는데 베토벤이나 쇼팽이 작곡했다고 밖에는 생각할 수 없을 만큼 악곡을 자동서기(自動書記 : 그 사람의 의사와는 상관없이 손이 저절로 움직여져서 문장이나, 그림 또는 악보 등을 그리는 초능력)하는 영국의 로스마리 브라운 여사, 약이나 메스를 사용하지 않고도 병을 치료하는 심령치료 능력자 존 케인 (영국). 이처럼 불가사하고 신비하다고 밖에는 말할 수 없는 ESP 현상은 결코 그 예가 적지 않다.

또한, 예지 능력에 대해서는 약 4백년 전 16세기경, 사상 공전절후한 대 예언자 노스트라담스는 세계적으로도 유명한 사람이다. 그는 당시 남부 프랑스 마을의 의사였다. 그는 많은

사람을 재난이나 질병에서 구해냈다. 그는 의학적인 지식으로
사람들을 구해낸 것이 아니고 강력한 초능력으로 해결하였다.
기적이라고 말할 수 밖에 없는 신비로운 힘으로 해결해냈던
것이다. 사람들의 미래에 대한 운명을 정확하게 맞추고 각처의
지진이나, 홍수를 정확하게 예지했다. 그 지방 사람들을 재
빨리 안전한 장소로 대피하게 하기도 했었다.

그보다도 더욱더 놀라운 예언은 노스트라담스가 죽음을
눈앞에 두고 〈제 세기(諸世紀)〉라는 시(詩)에 담아서 미래를
예언하고 400년 뒤의 현재까지 세계의 정세나, 과학의 발전,
그리고 그 시대 시대의 문화적 현상까지 모두 맞추고 있다는
사실이다. 이 노스트라담스의 〈제 세기〉는 여러 나라의 학자
들이 연구하고, 그 예지의 적중함에 경탄해 마지 않았다.

그 중 꺼림칙한 4행시(四行詩)의 일절을 소개하면,

'여인이 배를 타고 하늘을 나른다.
그리고 얼마 안 가서 그는,
한 사람의 위대한 왕이 도루스에서 피살된다.'
(1963년 7월 소련에서 여자 우주 비행사가 탄생, 같은 해 11월에는
미국의 케네디 대통령이 댈러스에서 암살).

이 예언은 하나의 예에 지나지 않으나, 이미 4백년 전에

너무나도 정확하게 미국의 사건이나, 소련에서 생기는 일을 그 당시에 알고 있었다니, 정말 놀라운 일이 아닐 수 없는 이야기이다.

그밖에도 오늘날의 비행기나, 해외 여행 붐을 예언했고, 공해 사회의 납독[鉛毒], 환경 오염, 오염된 물고기에 대한 예지, 자본주의가 탄생하기 전 월부나 롱 시대의 예지, 그밖에도 유럽, 아세아의 전쟁이나, 사회적 흐름도〈제 세기〉에는 4백년 전에 이미 완전히 기록되어 있는 것이다.

제1차 세계 대전, 제2차 세계 대전, 특히 그 지도자인 히틀러의 이름이나, 나치의 십자 표시(卍), 그밖에 각국 지도자의 이름이나, 패전한 나라의 이름까지도 기록되어 있다고 하니, 그 놀라운 예지력에는 모골이 송연한 느낌이 든다. 물론 일본의 패망과 아세아에서의 그후의 정세에 관해서도 기록되어 있다.

분명히 그리스도의〈묵시록(默示錄)〉에도 인류의 종말에 대한 예언이 기록되어 있으나, 노스트라담스도 이대로 간다면 1999년 7월에 인류의 종말이 닥치리라고 말하고 있다. 우리로서는 아무래도 이와 같은 일은 믿어지지 않는 일이지만, 노스트라담스를 연구하는 학자의 입장에서 보자면, 적어도 과거 380년의 역사는, 모두 예언이 적중되었다고 말하고 있다.

다시 말해서 노스트라담스의 예언대로 간다면, 머지 않아

****

지구상에 대재해가 일어나 인류의 멸망은 틀림없는 것이 된다. 가공할 이야기이긴 하지만 사실 〈제 세기〉에는 그렇게 기록되어 있는 것이다.

이 이야기에 흥미를 느끼는 사람들은 노스트라담스의 대예언의 원전(原典)인 〈제 세기〉(미카엘 노스트라담스 저, 헨리 C. 로버트 편)를 참고하여 주기 바란다.

과학적 입장에서의 연구

특별히 관심을 가진 사람 이외에는 초능력에 대해서 냉담하고, 개중에는 전혀 믿으려 하지 않는 사람도 있다. 그러나 지금 과학의 세계에서는 초능력이 중요한 연구 테마의 하나로 되어 있다는 사실을 안다면, 초능력에 대한 편견도 달라질 것이다.

미국의 노스 캐롤라이나 주 달럼에 있는 듀크 대학의 초심리연구소에서는 라인 박사를 중심으로 조직적인 연구가 계속되고 있어서 세계적으로 관심이 집중되고 있다.

이를테면 투시에 대한 연구——.

그것은 이렇게 행해지고 있다. 피험자(被驗者)에게 미리

카드(다섯 종류의 圖板, 25장)을 보여주고 나서 카드를 뒤죽박죽 섞어서 가른 뒤, 피험자의 눈앞에 엎어놓고, 맨 위에 있는 카드를 알아 맞추게 한다. 피험자는 정신을 집중하고 대답한다. 그 대답을 기록하고, 이것을 25회 반복한다. 이런 실험을 몇 천번, 몇 만번이나 계속하게 되면 전혀 투시 능력이 없는 사람이라 할지라도, 통계학상, 적중률은 5분의 1에 가까워진다고 한다. 적중율이 5분의 1 이상이면 투시 능력이 있게 된다.

카드를 사용한 텔레파시의 실험일 경우에는, 피험자와 실험자가 멀리 떨어진 곳에 있고, 실험자가 꺼낸 카드를 피험자가 알아 맞춘다. 또 카드를 사용하지 않고, 머릿속으로 상상해서 그린 것을 맞추는 방법으로도 한다.

ESP 카드의 실험에서 핸더 칼레지의 한 여학생은 25장씩 74회의 테스트를 통해 25장 가운데 평균 18장을 넘어선 정답률을 보였고, 1850회 중 1332회나 정답을 냈다. 만약 ESP가 작용하지 않았더라면 정답은 370회 밖에 없었을 것이다. 4백 킬로미터 떨어진 장소에서 25장의 카드 가운데 18장을 적중시킨 예도 있다고 한다.

이밖에 주사위를 굴려서 나타나는 수를 맞춘다든가, 테이블을 들어 올리는 실험 등, 생소한 사람의 눈에도 재미 있는 연구도 있다. 미국에는 듀크 대학 이외에도 이러한 연구에 열을 올리는 연구소가 많이 있으며, NASA에서는 이러한 실험을 하기 위해서 만든 기기장치(器機裝置)를 사들이고 있다고 한다.

또 소련을 중심으로 하는 공산권의 여러 나라에서는 '사이코트로닉스'라는 명목 아래 초심리에 대한 연구가 광범위하게 행해지고 있다고 한다. 미국이나 소련 등 과학 기술면에서 첨단을 걷고 있는 나라들이 예기치 못했던 초심리, 초능력의 연구에 골돌하는 이유는, 이제까지 '이상한 일도 다 있군.' 하고 건성으로 넘기고 있던 투시, 염력 또는 예지 능력이란 현상도 순수하게 과학적인 입장에서 무시할 수 없게 되었기 때문일 것이다. 이를테면 오늘날 미·소 양 진영에서는 우주 개발 분야에서 치열한 경쟁을 벌리고 있으며 신문 보도를 보아도 로케트 발사나, 인공위성의 발사에 두 나라가 필사적임을 알 수 있다.

미국에서도 우주 개발을 위해서 ESP 연구소를 설치했다. 텔레파시 연구에 전력을 쏟고 있는 것이다. 어째서 우주 개발에 텔레파시가 필요한가 하면, 장차 과학이 발전하여 본격적인 우주 시대가 되었을 때, 지구와 다른 별 사이의 교신에 빼놓을 수 없기 때문이다. 주지하는 바와 같이 빛의 속도는 초속 30만킬로이지만, 그래도 교신할 경우, 몇 분이나 걸리는 현상이 실제로 일어날 수 있다. 그래서 인간의 ESP에 의한 텔레파시로 우주 공간의 교신을 하자는 것이다.

****

ESP에 의한 텔레파시는 시간도, 공간도 뚫고 나가, 순식
간에 목적지에 도달하는 것은 초심리학의 세계에서는 당연한
일처럼 알려지고 있다. 이제야말로 초능력이라는 것을 무시
하고 혹은 그 수수께끼의 해명을 소홀히 해서는 금후의 과학
기술의 발전은 기대할 수 없다.

그런데 이와 같은 초능력의 근원에는 무엇이 있는가? 오
늘날 과학의 세계에서는 크게 나누어 두 가지 가설(假說)을
들 수 있다. 한 가지는 parapsychology(초심리학)의 사고
방식으로 초능력의 근원은 인간이 본래 가지고 있는 숨겨진
힘, 다시 말해서 정신적인 힘, 의식의 힘이라는 견해, 또 한
가지는 psychotronics(정신역학)의 사고 방식으로서, 이것은
인간의 신체에서 어떤 종류의 에너지(생체 에너지)가 방사
(放射)되고 있는 것이라는 견해이다.

사견에 따르면, 이 두 가지 가설은 어쩌면 같은 곳에 도달
하리라고 생각한다. 왜냐하면 초심리학의 입장은 초능력이라
하는 것을 주관적이고, 관념적으로 인간측에서 포착하고 있는
것이며, 사이코트로닉스는 이것을 정량적(定量的), 물리적으
로 연구해 나가려는 것이라는 차이 밖에는 없기 때문이다.

당신도 초능력자다

그런데 이제까지는 누구나 깜짝 놀랄 만한 예만 들어 왔으나, 이러한 특수한 힘은 몇 사람의 한정된 사람들에게만 하늘이 내려주신 것이란 말인가? 만약 그런 것이라면 특별한 능력을 가지고 있는 사람의 놀랍고 신기한 예를 아무리 많이 든다 하더라도 그것을 경탄해하거나 감탄해하는 이야기의 재료에 불과할 뿐이다.

'우리들과는 아무런 상관이 없는 일이다.'

라는 이야기가 되고 말 것이다.

그러나 이 점이 다른 것이다. 실로 우리 인간에게는 모두가 초능력이라 불러도 지장이 없으리 만큼 놀라운 능력이 숨겨져 있는 것이다. 이것에 관해서 조셉 머피 박사는 이렇게 설명하고 있다.

'초능력이란? 당신의 정신 혹은 영혼, 다시 말해서 모든 지혜나 힘과 마찬가지로 영향력을 가진 당신의 잠재의식과의 교신(交信)입니다. 믿고, 기도하십시오. 잠재의식은 반드시 해답을 줄 것입니다.'

(머피박사의 저서 『당신에게도 초능력이 있다』에서)

다시 말해서 세상에서 말하는 초능력이란, 머피 박사에 따르자면 잠재의식에 그 근원을 두고 있다고 한다. 이렇게 되면 이야기는 꽤 알기 쉽게 된다. 어떠한 인간에게도 잠재의식은 있으며, 당신에게 초능력이 있다 해도 결코 이상한 일은 아니다. 오히려 초능력이란 마땅히 있어야 하는 것이다.

다만, 자각하지 못하고 있을 뿐이다. 당신이 한 번만 그 필요성을 의식한다면, 그때 그 능력은 아무런 저항도 없이 당신에게 그 위력을 제공해줄 것이다. 그 증거로 초능력자라는 말을 한 번도 들어보지 못한 우리들의 곁에 있는 사람들이라 할지라도, 때로는 믿기 어려운 능력을 발휘하는 일이 많이 일어나고 있지 않는가?

며칠 전, 신문에 보도된 예를 들어보자.

어느 도시의 아파트 단지에 살고 있는 주부 한 사람이 아랫층에서 세탁을 하고 있는데, 3층인가 4층의 베란다에서 어린 아이가 떨어졌다. 이 광경을 본 어머니는 낙하 지점까지 달려가서, 떨어지는 아기를 두 팔로 실수없이 받아서 무사할 수 있었다는 기사이다.

이 예에는 두 가지의 경이적인 사실이 일어나고 있다.

한 가지는 어머니가 세탁을 하던 지점과, 낙하 지점과의 거리가, 아이가 떨어지는 속도를 생각할 때 상식적으로 보아 스피드로서는 도저히 낙하지점까지 도달할 수 없었을 것이라는 것. 또 한 가지는 낙하물에는 가속도(加速度)가 있으니까 아무리 어린 아이라 할지라도 그 중량은 인간의 두 팔로는 받을 수 없었으리란 것이다.

그런데도 불구하고 어머니는 아기를 무사히 구출했던 것이다. 아마도 자기 아이의 위험함을 깨달은 어머니는 순간적으로 발휘된 능력, 물리적으로는 불가능한 일을 에너지가 가능하게 한 것이다. 어느 병원에서는 중풍(中風)으로 누워 있던 다섯 명의 환자가 어느날 바람이 부는 밤에, 갑자기 두 마리의 뱀이 병실로 들어오는 것을 보고 보통 사람 이상의 민첩한 동작으로 달아났는데 이것을 계기로 중풍이 다 나았다고 한다. 인간이란 아차! 하는 순간에 이렇게 굉장한 힘을 발휘하게 되는 것이다.

흔히 불이 났을 때 볼 수 있는 광경으로, 여느때에는 이불 한 채도 무겁다고 비명을 올리는 나약한 여자가 갑자기 자기 집에 불이 났을 때에는 이층에서 옷장을 들어내리는 일도 있다. 아무래도 비상시를 당하게 되면, 인간은 상상도 하지 못했던 에너지를 발휘하나보다. 이러한 예를 보아도 초능력이라는 것은 특별한 사람에게만 있는 것이 결코 아니고, 모든 사람이 본래부터 가지고 있다는 사실을 이해할 수 있으리라 생각한다.

초능력으로 이익을 얻은 예

　일상 생활 속에서 이따금 경험하는 이상한 일이 있다. '예감' 이라든가 '신불(神佛)이 꿈에 나타났다…….' '귀신도 제 말을 하면…….' 등의 예. 또는 거리를 거닐고 있을 때 어쩐지 누가 보는 것 같아서 뒤를 돌아보니 거기에 아는 사람이 있었다는 케이스, 이들은 뒤통수에 눈이 있었던 것도 아니고, 자기의 육감(六感)이라는 감각으로 맞춘 것에 지나지 않다. 인간에게는 생체 에너지라는 것이 있어서 이것이 신체에서 발휘되어 맞추는 것이 아닐까?

　좀더 알기 쉽게 말하자면, 이 우주 전체에 가득차 있는 전자파(電磁波)를 매체로 하여 사건의 형편에 따라 모든 생명체, 물질, 상념(想念)과 교신할 수 있는 능력을 가지고 있는지도 모른다. 인간 뿐만 아니라 동식물의 ESP(초능력)에 대해서도 살펴보기로 하자. 초심리학의 용어(用語)에 'PSI 추적'이란 말이 있다. 개, 고양이, 새, 가축 동물의 귀소본능(歸巢本能)을 말하는 것이다. 애완 동물은 간혹, 기르던 주인이 이사를 갈 때, 수천 킬로미터나 떨어진 곳에 버려지더라도, 몇 주일이나 몇 달 뒤에는 이사한 새 집에 그 모습을 나타내는 신기한 일이 있다. 날짐승이나, 그밖의 동물의 귀소나, 철새의 방향 발견 감각은 PSI 추적 기능과 관계가 있으며, 과학적으로는 증명할 수 없는 초능력의 본능이라 하는 것이 더 어울릴지도 모른다. 물고기의 경우도, 연어 따위는 바다에서 성장한 후 자기가 태어난 강으로 정확하게 다시 돌아온다. 남대서양의 한 가운데에 있는 아센션 섬의 모래밭 속에서 부화된 아기 거북이는 7마일이나 떨어져 있는 바다로 향하고, 다시 1천 4백마일이나 자맥질해서, 다 자란 뒤에 서식(棲息)하기 위해서 브라질의 해안을 찾아온다.

아프리카의 어느 개미는 나뭇잎을 높은 곳에서 떨어뜨려도 반드시 그 낙하지점에 있다고 한다. 빌딩의 옥상에서 지폐 한 장을 떨어뜨리고, 그 낙하 지점을 인간은 정확하게 알아낼 수 있을까? 강풍이 몰아칠 경우도 있다. 그러나 아프리카의 이 개미는 이를 알아낼 수가 있다. 동물의 예는 별도로 치더라도, 머피 박사는 대개의 평범한 사람들이 초능력을 발휘해서 여러 가지 이익을 얻어낸 예로서 다음과 같은 예를 들고 있다.

• 수험 공부에 지쳐서 자신 상실증(自身喪失症)에 빠진 학생이 어느 때, 하느님은 실패하는 일이 없다는 것을 알게 되어, 하느님과 파장(波長)을 맞춤으로써 훌륭하게 목적을 달성하였다.

• 자신이 예약한 비행기가 항공납치 당하는 꿈을 꾸고 나서,

타는 것을 포기했는데, 실제로 납치 사건이 일어났다.

• 미래의 남편을 꿈꾸었는데, 두 달 후에 그 꿈꾸었던 남자와 알게 되어 결혼하게 된 여대생.

• 개스가 새는 것을 모르고 있던 어느 미망인 앞에, 죽은 남편이 나타나서 개스 밸브를 조이라고 해서, 목숨을 구해주었다.

• 꿈 속에서 자신에게 숨겨져 있는 재주를 알게 되어, 그 재능을 살려 부자가 된 교사.

• 비행기에 불이 났을 때, 초능력 덕분으로 구출된 남성.

이런 예를 일일이 들다가는 한이 없겠으나, 그 모두가 초능력자라는 소리를 들어보지 못한 시정(市井)의 보통 인간이라는 점이 참으로 재미 있다. 역시 초능력이란 것은 만인이 공통적으로 가지고 있다는 것을 이들의 예에서도 알 수 있을 것이다.

****

초능력은 언제 발휘할 수 있는가?

　문제는 이러한 능력을 잘 발휘할 수 있는 사람과 그렇지 못한 사람이 있다는 점이다. 이러한 차이가 인생을 크게 좌우한다면, 누구나가 초능력을 발휘할 수 있는 인간이 되고 싶다고 생각할 것이 틀림없다. 그런데 얄궂게도 우리들은 무엇인가에 쫓기거나, 다급한 처지에 놓이게 되면, 문득 초능력을 발휘하는 경우는 있지만 평소에는 좀처럼 이것을 발휘하지 못한다.

　가령 이런 사람이 있다고 하자. 평소에는 게으름뱅이였던 사람인데도 기회만 있으면 한 주먹 쥐어보려고 노름판에 늘어붙지만 불행하게도 다 털리고 나면 그 순간부터 새사람이라도 된 것처럼 일에 온 정력을 쏟기 시작한다. 결국 경제적으로 쪼달리게 되고 나서야 비로소 일을 하려고 한다. 그것도 예사로운 부지런이 아니다. 남의 3배나, 4배를 해치운다. 발상(發想)도 풍부해서 아이디어도 좋고, 지극히 행동적이다. 그리하여 태산 같은 빚더미를 눈 깜짝할 사이에 말끔히 청산해버린다. 그런데 다시 여유가 생기고 나면 또다시 전혀 쓸모없는 사내로 되돌아가고 만다.

　이런 일을 끊임없이 반복하는 사람은 세상에 적지 않게 존재한다. 이들은 다급하지 않고서는 능력을 제대로 발휘하지

****

못하는 전형적인 예가 아닐까. 아무리 능력이 있더라도 이래서는 언제까지라도 마이너스를 메꾸는 정도의 인생일 뿐, 결코 플러스의 인생은 되지 못한다. 자기 손으로 구덩이를 파놓고 그 속에 스스로 빠져들었다가 기어나오는 경우 말이다. 그 구덩이를 철저하게 메꾸지 않았기 때문에 다시 빠져버리는 것이다. 구덩이 속에 빠져 들었다가 기어나오는 인생에 불과한 것이다.

목적이 없는 인간은 눈을 뜨지 않고 인생을 헤매는 것과 비슷해서 같은 곳을 헛되이 방황하다가 단 한 번의 소중한 인생을 무가치한 것으로 만들어버린다. 어째서 이런 사람이 생기는가 하면 그것은 미래에 대한 전망이 결여되어 있기 때문이다.

자기가 무엇을 희망하고 무엇을 어떻게 해야 하는지 모르고 있었기 때문이다.

그렇기 때문에 잠재능력은 결코 플러스가 되도록 작용하지 않는 것이다. 궁색해지면 누구라도 현상을 타개하려고 노력한다. 그리고 필사적으로 기원하고, 그러기 위한 노력을 하기 때문에 자연히 길이 열리는 것이다.

옛날 무술의 도사가 되려는 사람들은 깊은 산 속에 파묻혀 쓰리고 고된 수행을 쌓았다. 승려들도 깨달음을 얻기 위해서는 폭포수에 몸을 담그고 단식으로 날을 보냈던 것이다. 이런 험난한 고행이 겉보기에는 노력으로 보일는지도 모르겠다.

그렇다! 분명히 노력임에는 틀림없겠으나, 만약 아무런 목적도 없이 무사가 산속에 파묻혀 수도를 닦는다 하여도 별다른 칼 솜씨는 닦지 못했으리라. 중의 차림새만 하고 폭포수에 묻히면 아무나 깨달음을 얻게 되는 것은 아니다. 뚜렷한 목적, 다시 말해서 '자신은 이렇게 되고 싶다'라는 미래에의 전망이 있고서야 비로소 수행은 쓸모 있게 되는 것이다.

또 초능역을 발휘하기 위해서는 소우주(小宇宙)인 우리들은 대우주(大宇宙) 에너지의 자파(磁波)에 주파수를 맞추지 않으면 안 된다. 그러기 위해서 많은 무사나, 승려나, 그밖에 스포츠, 예술에 있어서도 훈련이라 하는 수업이 필요하다는 것이다.

반복 훈련이나 그 지속적인 훈련에 의해서 언젠가는 잠재능력에 연결되어 생각지도 못했던 능력을 발휘할 수 있게 되는 것이다. 누구든지 잠재능력을 끌어내기 위해서는 종교의 역할이나 가르침은 완벽한 것이라고 나는 생각한다.

기독교에서는 아침 저녁의 식사 전에 기도를 올리고, 불교에서도 아침 저녁에 예불을 드리는데 그러한 시간을 갖는다는 것은 대단히 훌륭한 일이다. 우주의 에너지를 수신하기 위한 스위치는 마치 자동차의 플러그와 같은 것이어서 새것일 동안에는 충전도, 스파크도 지극히 상태가 좋겠지만 계속 사용하다 보면 개스가 차서 스파크가 잘 안 되는 상태에 빠지는 것은·자동차를 타는 사람이라면 누구나 다 알고 있을 것이다. 기도는 우주의 에너지를 충전하고 수신하고, 그 인간의 수신기를 진지한 기도에 의해 더욱 에너지원(源)을 저장하고 우주와 일체가 되고, 작은 시냇물과 강물은 합류(合流)하여 격돌하며 바다로 흐른다. 그리하여 풍성한 에너지를 이루고, 온몸을 치달아 생명력이 되어 기쁨이 넘치게 되는 것이다.

다시 말해서 인간도 인생을 살아가는 가운데 일어나는 여러 가지 사건에 부딪치고 그것이 뜻과 같이 안 될 경우를 여러번 겪게 되면 절망하고, 잡념을 품고, 번민에 시달려 그 마음의 플러그에 먼지나 개스가 가득 차게 되는 것이다.

인간도 애완동물처럼 역시 아득한 옛날에는 훌륭한 능력을 자유자재로 활용하고, 거의 언어 따위가 없어도 예지능력(豫知能力)이나 텔레파시로 모든 사건이 해결되었던 것이다. 문화가 발전 됨에 따라 인간은 지혜를 낳고 많은 발명, 발견은 인류에게 살기 편한 환경을 만들어주었다. 언어나 문자는 그 미래를 향해 역사나 문화를 전달하기 위한 최고의 발명과 지혜임에 틀림없다. 그러나 그 반면 본능적인 능력은 퇴행(退行)하고 말았던 것이다.

그것은 아주 없어져버린 것이 아니라, 마음 속 깊숙이 많은 개스나 먼지로 침전해버린 것이다. 플러그에 개스가 차게 된다면 그것을 제거하기 위해서는 와이어 브러시로 닦든가 불에 달구지 않으면 안 된다.

인간의 초능력도 이와 같아서 우선 그 존재부터 인정하고 와이어 브러시까지는 아니더라도 수업에 의해 연마하지 않으면 안 될 것이다. 불도 수업이나, 염불이나, 기도는 종교의 세계에서 그것을 가르치고 있는 것 같은 기분이 든다. 결국 잠재능력의 근원인 수신기를 갈고 닦아서 정밀하게 하고, 우주의 에너지 주파를 받아들이기 쉽게 하는 것이야말로 종교의 가르침이요, 실천 생활에 쓸모 있는 인간으로서의 삶, 자기 실현의 삶을 지켜나갈 수 있는 근본 원리를 몸에 익히게 되는 것이리라. 각 종파(宗派)에 교외(敎義)의 높고 낮음, 얕고 깊음은 있겠지만 종교의 역할은 훌륭하며, 굉장한 가치를 지녔다는 것을 나는 높이 평가하고자 한다.

초능력을 일상 생활 가운데에서 발휘하는 관건은 바로 여기에 있다. '자신은 이렇게 되고 싶다.'라는 자아상(自我像)을 항상 머릿속에 그리고, 그렇게 하는 것을 언제까지나 밀고 나갈 수 있다면, 당신은 일상 생활에 있어서도 초능력이라는 위대한 힘을 발휘할 수 있는 것이다.

3. 잠재의식과 잠재능력

프로이트의 발견

잠재의식 또는 잠재능력이란 문제에 부딪치게 될 때, 아무래도 간과할 수 없는 것이 오스트리아 태생의 정신의학자 프로이트의 이론일 것이다.

프로이트는 당시 심리학의 의식이란 자각되고 있는 부분〔현재의식 : 顯在意識〕이 그 전부라는 정설을 뒤엎어 본인에게도 자각되지 않는 의식 아래〔잠재의식 : 潛在意識〕 있다는 것이다.

이 의식은 자각되고 있는 의식의 덤으로 존재하는 것이 아니라, 인간 행동의 중요한 부분을 관장하고 있다는 사실을 명백하게 하였다.

말하자면 인간의 마음 속 저 밑바닥에는 당사자도 느끼지 못한 어둠의 세계가 펼쳐있어서, 이 세계야말로 인간의 심리 행동을 해결하는 열쇠가 된다는 사실을 발견한 것이다.

일상 생활에서 인간은 전혀 우연이라고 밖에는 생각할 수 없는 행동을 하는 수가 있는데, 여기에는 무슨 원인이 있는 것이 아닐까…… 하고 우선 생각하였다. 다시 말해서 때로는

****

인간이 무슨 일을 깜빡 잊고 약속을 지키지 못하거나 글자의 오기(誤記) 등을 하게 되는데 이런 일은 '깜빡하는 바람에'로 자칫 지나쳐버리기 쉽지만 무엇인가 여기에는 심리적인 원인이 있는 것이 아닐까 하고 프로이트는 생각했던 것이다.

사람은 때때로 약속을 잊는다. 왜 그런가? 그것은 어쩌면 '그렇게 하고 싶지 않다.'라는 잠재의식이 있기 때문이 아닐까? 이를테면 회의석상에서 개회 선언을 해야 할 의장이 '그럼 이것으로 폐회하겠습니다.'라고 말해버렸다 하자. 이것은 단순히 잘못 말한 것이 아니라, 사실은 의장이 회의를 개최하고 싶지 않았거나 혹은 일각(一刻)이라도 빨리 폐회하고 싶었던 것이 아닐까?

프로이트는 일상 생활에서 일어나는 실수 행위를 여러 각도에서 분석하고 이렇게 결론을 내렸다.

"실수 행위는 보통 주의력의 부족이란 상식적인 설명으로 정리되지만, 실은 실수를 하지 말아야겠다고 주의할 때일수록 일어나는 것이다. …… 실수의 행위는 잘못된 것이 아니라 정당한 행위다. 다만 예기되고 의도했던 행위와 뒤바뀐 것에 지나지 않다."

그는 실수 행위와는 별도로 꿈에서도 잠재의식의 존재를 이끌어내었다. 어쨌든 인간의 의식이란, 당사자가 자각한 부분 이외에 또 하나의 당사자가 모르는 자기가 존재한다는 발견은

심층심리학(深層心理學)을 낳았고, 정신분석 기법을 비약적
으로 발전시키게 되었다.

잠재의식(潛在意識)과 현재의식(顯在意識)의 관계

잠재의식과 현재의식 —— 이 양자의 관계는 때때로 빙산에
비교되고 있다. 빙산은 물 위에 나타나 있는 부분은 극히 적다.
말하자면 빙산의 일각(一角)이다. 그리고 물 밑에 숨겨진 부
분, 이것이 단연코 크다. 그리고 잠재의식과 현재의식의 관
계를 말하자면 물 위에 나타나 있는 적은 부분이 현재의식,
물 밑에 숨겨진 광대한 부분이 잠재의식이다. 양자의 비율이
어느 정도인가 하는 것은 여러 설이 있으나, 조셉 머피 박사는
10대 90의 비율이라고 했다.

다시 말해서 우리가 통상적으로 자기의 의식이라고 생각
하고 있는 부분은 10% 뿐이고, 나머지 90%는 당사자도 전혀
의식하지 못하는 숨겨진 부분이라는 것이다. 그런데 우리들은
이 근소한 현재의식의 부분을 자기의 전부라고 생각하기 쉽다.
'설마…….' '그런 일을 이렇게 생각하는 것은 무리야.'
'자네의 주제를 잘 분석해 보게. 그런 일은 불가능한 일이야.'
하고 말할 경우 근소한 현재의식만의 판단으로 '절대(絕對)'

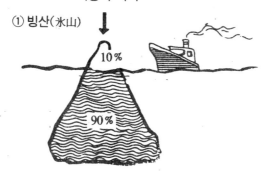

② 현재의식(顯在意識)
이성의 자리

① 빙산(氷山)

10%

90%

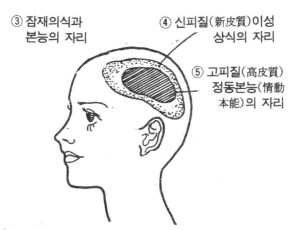

③ 잠재의식과
본능의 자리

④ 신피질(新皮質)이성
상식의 자리

⑤ 고피질(高皮質)
정동본능(情動
本能)의 자리

⑥ 고피질(高皮質)＝본능의 자리는 만두의 속부분.
껍질(皮)의 부분은 신피질(新皮質)「이성의 자리」
라 한다.

****

이며 틀림없다고 생각하기 쉬운 것이다.

이성적인 판단, 상식적으로 사물에 대처하는 방법이란 것을 좁은 범위 안에서 행하지 않으면 안 된다는 것은 이것으로도 잘 알 수 있으리라 생각한다. 보라! 인생을 좀더 잘 살기 위해서는 이성, 그리고 상식도 필요하겠지만 때와 장소에 따라서는 이것이 커다란 제약이 된다는 것을 잊어서는 안 될 것이다.

그런데 부모나 형제나 친구, 당사자조차도 모르는 잠재의식, 이 잠재의식의 근원은 무엇인가? 잠재의식의 존재를 이해하였다 하더라도 자연히 이러한 의문은 생기게 된다.

이 점에 대해서는 생각하는 방법이 여러 가지가 있다. 프로이트가 잠재의식의 원천을 본능적 욕구(本能的慾求) —— 특히 성적 욕구(性的慾求) —— 라고 주장한 것은 잘 알려져 있다. 프로이트에 앞서서 잠재의식의 존재를 예견한 니체는 그것을 권력으로서의 의지라 하였으며 또한 마르쿠제는 생과 사의 충동이라 하였다.

어찌 되었든간에 마음의 심해(深海)에 있는 인간의 불가사의한 정념과 같은 것이리라. 말하자면 마음의 가장 깊숙한 곳에 있어서 정신 활동에서 빠져 나오는 것, 그것이 잠재의식이라고 해석할 수 있지 않을까?

****

잠재의식에는 조상의 피도 흐르고 있다

다음으로 문제가 되는 것은 그와 같은 잠재의식이 대체 어떻게 해서 형성되어가는가 하는 것이다. 이를테면 여기에 다섯 살 난 어린이와 서른 살이 된 남자가 있다고 하자. 이 두 사람의 잠재의식에는 대체 어떤 차이가 있을까. 여기에서 현재 의식까지 포함해서 인간의 의식이라는 것이 어떻게 해서 형성되었는가를 살펴보자.

의식이란 간단하게 말하면 '인간을 인간답게 하는 사고(思考), 상상, 감정, 창조의 기초가 되는 일체의 자기 인식의 마음의 작용'이라고도 할 수 있다. 다시 말해서 인간이 이 세상에 태어나면서부터 현재까지 자신을 둘러싸고 있는 일체의 자연 환경, 혹은 사회·문화 환경으로부터 받은 영향을 통해서 형성된 자기 인식의 작용인 것이다.

그렇게 되면 서른 살의 남성은 30년간의 체험·정보·지식에 의하여 의식이 형성되고, 다섯 살 난 어린이는 5년간의 체험·정보·지식에 의해서 의식이 형성되는 것이며, 거기에는 어른과 어린이의 의식의 차이가 생기기 때문에 당연하겠지만, 그 차이는 태어나면서부터 경험한 일의 차이라 하겠다. 프로이트 이전의 의식에 대한 사고 방식은 대충 이러한 관점에 있었다고 말해도 좋을 것이다.

****

그런데 그렇지 않다고 주장하는 학자가 프로이트 이후에 나타났다. 스위스의 정신분석학자 C. G. 융이 바로 그 사람이다. 그는 프로이트의 이론을 토대로 해서 독자적으로 이론을 발전시켰는데 그의 이론에 따르면 인간의 의식, 특히 숨겨진 부분의 의식(잠재의식)을 설명하기 위해서는 개인이 태어나면서부터 현재에 이르기까지 경험한 것뿐만 아니라, 그 조상들이 경험한 것도 유전적으로 전해지고 있다고 지적하였다.

다시 말해서 마음의 밑바닥에는 인류의 발생 이래 모든 유산이 깃들어 있다는 것이다. 종교에서는 생명의 영원설(永遠說)을 부르짖고 있는 종교가 많이 있지만, 만약 영원한 생명으로서의 잠재의식을 포착한다면 C. G. 융의 이론도 충분히 수긍이 갈 것이다.

생과 사는 일체의 동질성의 것이어서 죽음이야말로 그 모체의 본류이며, 화산(火山)에서 분출된 용암(마그마 : magma)의 대하(大河)와 같은 흐름이라 한다면, 생명이란 순간에 용솟음치는 불꽃과 같은 것이며 그 순간의 화염의 에너지가 다 타버렸을 때 삶이 끝나서 죽음으로 되돌아가고, 또 합류하여 다음 순간에 다시 불꽃이 되어 삶을 이어가는 것이라 말하고 있다. 인생의 일생은 불꽃의 에너지가 용솟음치는 것과 같다는 것이다.

그런데 생과 사는 같은 종류, 같은 성질이어서 한 잔의 물을 연못에 쏟았을 때, 그 잔 속의 물을 그 연못에서는 어떠한 과학으로도 분석할 수 없는 것과 같다. C. G. 융은 열도집단 무의식층(列島集團無意識層)이라 이름지어 우리 조상의 경험 정보를 영원히 계승해오고 있는 무의식층을 설명할 때 산을 예로 들어 설명하고 있다. 예컨대 후지산(富士山)과 아소산(阿蘇山)과 니다카야마(新高山), 그리고 스위스의 알프스 산, 에베레스트 산, 아프리카의 킬리만자로, 그밖에도 산들은 모두 같은 관계에 있는 산이라고 말했던 것이다.

어째서 머나먼 나라의 산이 같은 산이라고 단언할 수 있는가 하면 그 대답은 극히 간단하다. 산과 산을 갈라놓고 있는 바다를 걷어치우고 본다면, 지구적(地球的)으로 전체를 관찰할 때 어느 산이나, 지구의 까실까실한 부분에 지나지 않으며, 뿌리 부분에서는 완전히 동일하다고 말할 수 있는 것이다. 이 한 예와 마찬가지로 인간도 여러 가지로 모습이나, 형태가 달라서 각국 각민족으로 생활하고 있기는 하지만 생명의 근본과 의식의 원점에 눈길을 돌리면 공통된 접점(接點)을 가졌으며, 모체를 가지고 있다는 것이다.

생명의 라이프 사이클(life cycle)은 그 탄생에서 시작되어 생육, 성장, 성숙, 쇠퇴를 되풀이한다. 같은 사이클 운동을 일으키고 원(圓)과 같이 같은 운동을 연속하고 있는 것이다. 그와 같이 집단적인 무의식의 세계를 영원한 생명이라고 본

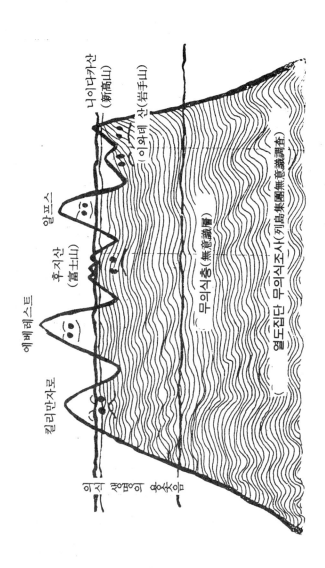

다면 C. G. 융이 말하는 과거 원시 시대는 물론 무생물 시대까지 거슬러올라가는 우주적 체험, 기억을 잠재의식에 간직하고 있다는 것에 수긍이 가게 될 것이다. 이것을 집단심 혹은 집단적 무의식이라고 표현하지만, 잠재의식이라 하는 작용을 생각했을 경우, C. G. 융의 주장은 극히 흥미 깊은 견해라 말하지 않을 수 없다.

하나의 재미 있는 예로서, 사람들은 도마뱀이나 뱀, 바퀴벌레, 송충이 등을 보고 대개의 사람은 징그러워하지만, 이것은 어느 진화론 학자의 학설에 따르면 인간은 태고적에 이들 동물에게 위협을 당했던 흔적이라고 한다. 이런 것도 C. G. 융의 사고 방식을 납득하게 하는 좋은 예가 될 것이다.

만약 이 세상에 태어나면서부터의 일체의 경험이 의식을 형성하고 있는 것이라면, 서른 살과 다섯 살로서 상당한 차이가 있음을 짐작할 수 있으나, 반대로 5년 혹은 30년의 경험쯤 별 것 아니라고도 말할 수 있다. 그런데 인간의 의식이 몇 백만년이나, 쌓이고 쌓여온 과거 인류의 총화(總和)로서 존재하고 있었다면 그것은 거의 무한이라 해도 좋을 정도의 파워와 확대력을 지니고 있다고 해도 이상할 것은 없을 것이다.

****

잠재능력은 어디에서 나오는가?

잠재의식이라 하는 것의 존재는 일단 이해하였으리라 치고, 다음으로 이 잠재의식이 가져다주는 위대한 힘, 다시 말해서 잠재능력이 어떠한 프로세스(process)를 거쳐서 발현되느냐 하는 문제에 대해서 언급하기로 하겠다.

이제까지 설명한 바와 같이 잠재능력이라 하는 것은 수수께끼와 신비에 싸여 있다. 그 존재는 아득한 옛날부터 지적되어 오늘날의 과학에서도 인정되고 있는 것이지만 순수하게 과학적인 입장에서 분석하게 되면 아직도 불충분한 비웃음을 면할 수 없는 점이 허다하다.

일찌기 에디슨이 '전기(電氣)의 정체는 나로서도 잘 알 수 없지만, 어찌 되었든 편리한 것이니 많이 이용하는 것이다.' 라고 말한 것과 같은 대답을 하는 것이 가장 타당하리라 생각하지 않을 수 없는 면도 있다.

그러나 과학적·실증적 사고에 익숙해진 현대인에 있어서 심히 설득력이 결여된 것이 되기 쉽다. 관점을 돌려 인간이 가진 잠재능력이라는 것을 대뇌생리학(大腦生理學)의 견지에서 이야기해보기로 하겠다.

주지하는 바와 같이 오늘날 대뇌생리학이라 하는 학문은 인간의 뇌 조직이라는 것을 명확하게 밝히는 데 큰 공적을 올리고 있는데, 일련의 연구 과정에서 잠재의식 혹은 잠재능력의 존재를 증명하고 있다.

인간의 뇌 조직에 대해서 간단히 설명하자면, 묵과 같이 흐믈흐믈한 인간의 뇌는 3중막에 싸여서 두개골(頭蓋骨) 속에 들어 있다. 대뇌(大腦)와 소뇌(小腦)로 구분되고 있으며 소뇌는 자세(姿勢)나 운동의 정리를 맡고 있을 뿐이며, 인간의 정신 활동과는 전혀 상관이 없다. 문제는 대뇌로서, 이것을 작용하는 면에서 구분하자면 뇌간(腦幹), 척추계(脊椎系), 대뇌변연계(大腦邊緣系), 신피질계(新皮質系)의 세 가지로 나누게 된다.

이 세 개의 계통 작용은 그림을 보면 알겠지만, 잠재의식, 잠재능력과의 관련으로 보자면, 구피질(舊皮質), 고피질(古皮質)을 포함한 대뇌변연계의 작용에 주목하지 않으면 안 된다.

인간은 인간답게 자연에 적응하고, 이성적 존재로 있게 하며, 다른 동물에게서는 볼 수 없는 창조 행위를 하게 하는 부분은 신피질이라 부르는 부분과 관계되고 있기 때문에, 인간이 보다 잘 살기 위해서는 신피질계의 발달이 바람직하다고 한다. 반대로 본능을 맡고 있으며, 정동(情動)의 자리라 하는 대뇌변연계에서는 잠재능력이 나오고 있다.

뇌(腦)의 하드웨어와 소프트웨어

그런데 인간이 삶을 영위하는 데 있어서, 특히 정신적인 영역을 맡는 대뇌연변계와 신피질, 이 두 계통의 작용을 간추려보면 다음과 같이 된다.

대뇌변연계(大腦邊緣系)의 작용—— 이것은 말하자면 태어날 때부터 갖추어진 마음이다. 따라서 특히 공부를 하거나, 경험을 쌓거나 하지 않아도 몸에 배어 있다. 본능적인 행위, 감정의 지배 등은 이 부분에서 발생하고 있다. 또 C.G. 융의 학설에 따르자면, 조상들의 경험, 기억도 여기에 들어 있다. 당사자도 의식할 수 없는 잠재의식의 소재는 여기라는 것이다. 컴퓨터의 기능에 준해서 말하자면 여기에서 발생하는 작용은 반사적 혹은 모자이크(mosaic)형에 가까운 하드웨어(hardware)라 말할 수 있으며 그 기능은 컴퓨터에 비해서 훨씬 우수하다.

신피질의 작용—— 주로 후천적인 공부, 다시 말해서 체험, 정보, 지식이 쌓임에 따라서 생긴다. 외부 환경에 적용하여 살아가려는 행동 및 목표를 설정하고 가치를 추구하여 그 실현을 꾀하려는 창조적 행위를 맡고 있다. 이것은 현재의식(顯在意識)이라 부르는 부분이다. 이성적 존재로서의 인간의 위치 설정은 이 부분의 발달과 작용에 의한다. 대뇌연변계가 하드웨어인데 반해서 이 부분은 소프트웨어라고 할 수 있다.

그런데 이상의 것을 간추리는 데 있어서 두 계통의 관계를 보면 인간의 바람직한 상태로서 신피질계가 발달한 것이라는 것을 알 수 있다. 왜냐하면 신피질계는 후천적인 학습에 의해 얻어져서 인간이 보다 나은 생활을 하게 하려는 기능이 작용하기 때문이다. 더욱이 그것은 이성의 자리이며, 걸핏하면 폭주(暴走)하기 쉬운 본능, 정동(情動)을 콘트롤하는 기능을 갖고 있다. 이렇게 생각하다 보면 대뇌변연계의 작용은 적당히 해두고 신피질계의 작용을 조장하는 편이 나은 것이 아닐까 생각되기도 할 것이다.

그런데 이것은 커다란 잘못이다. 분명히 이성을 잃은 인간, 본능, 정동(情動)이 치닫는 대로 행동하는 인간이 이 사회에서 용납되느냐 하면 그렇지 못하다. 그 한도에 있어서 신피질계가 정당하게 기능을 갖는 것은 사회·집단 생활을 영위하는 인간에게 있어서는 빼어놓을 수 없는 조건이다.

앞에서도 말했듯이 대뇌변연계, 다시 말해서 현재의식 부분은 신피질, 즉 현재의식 부분에 비해서 거대하다. 자그마치 수년 혹은 수십년의 인간의 체험을 통해 보유하는 현재의식과는 비교할 수 없는 에너지가 있다. 그리고 이 에너지 없이는 신피질계의 보다 고도한 기능을 할 수 없다는 관계가 있는 것이다. 비록 신피질계가 아무리 활발하게 이지적으로 작용

****

한다 하더라도, 만약 대뇌변연계의 작용이 우둔해져 있다면 그 파워는 쇠퇴하게 마련이다. 이 양자의 관계는 흔히 말하는 근성(根性)이라든가, 기력(氣力)이라든가 하는 말로도 표현할 수 있다.

잠재의식으로 여성을 낚은 사나이

예컨대 어느 여인을 어떻게 해서라도 사로잡아야 하겠다고 열렬하게 사모하고 있던 사나이가 있었다 하자. 상대 여인은 어느 사대부 집의 딸이며, 엄격한 집안에서 자라났다. 남자로 말하자면 두메 산골 출신이며, 예의라든가, 교양이라곤 찾아볼 수가 없었다. 그러나 이 사나이의 이성적(理性的)인 부분은 이렇게 생각한다.

'나는 무식하고 교양이 없지만 너무 야비하고, 소박해서는 안 되겠다. 간신히 데이트를 약속하게 되었으니, 내일은 아무쪼록 실수하지 말아야지.'

한편 상대 아가씨는 이렇게 생각한다.

'어떠한 사람인지 잘은 모르지만, 성실해 보이고 약간 남성다운 점이 있으니, 한 번쯤 상대해도 괜찮을 거야. 여러 남성과 교제하면 그만큼 공부가 될 테니까.'

****

그런데 데이트하는 날이 다가왔다. 별탈 없이 두 사람은 헤어졌으나 돌아오는 길에 사나이는 이렇게 생각한다.

'어물어물 겨우 실수는 하지 않았군, 게다가 나는 별로 교양도 없다고 탁 털어놨는데……. 도리여 남성적이라 생각했나봐.'

한편 여자는,

'생각보다는 지루했어. 그렇지만 괜찮던데. 남성다운 면을 보이려고 꽤나 우쭐대는 점이 좀 마음에 들지 않기는 했지만 좀더 교제해 볼까…….'

그 뒤 두 사람은 여러번 데이트를 가졌다. 서로의 장점과 단점, 성격도 조금씩 알게 되었고 연인에 가까운 사이가 지속되었다.

그런데 그 무렵 그 여성에게 새로운 남성이 등장하였다. 그 사내도 앞의 남자와 성격과 출신이 비슷하였으나, 이 사나이는 마음 속으로 이렇게 다짐하였다.

'나는 저 여자와 기어코 결혼하고 말거야. 애인이 있는 것 같지만 그녀는 그따위 녀석 탁 차버릴 거야. 어쨌든 누가 뭐라 해도 내것으로 만들고 말겠다."

여인은 견문을 넓히자는 주의였으니까, 새로운 남자와도 교제를 하게 되었다. 교제하며 곧 알게 된 것은 두 사나이가 비슷하다는 점이었다. 결국 그 여인은 뒤에 나타난 사나이를

****

남편으로 선택하였다.

"당신은 그때 어째서 나를 선택했었소? 정직하게 말해서 나와 그녀석은 여러 가지 점에서 나와 닮은 점이 많았다고 생각되는데……."

몇 해가 지나서 남편은 아내에게 이렇게 물었다.

"글쎄요…… 비슷하다면 선착순도 괜찮을 거예요. 하지만 그렇지 않았어요. 단 한 가지 다른 점이 있었거든요. 같은 말을 했어도 당신 쪽이 씩씩했어요. 박력 같은 것이……."

이것은 말하자면 기력(氣力)과 정신력의 차이다. 그 차이는 두 사나이의 당초 출발점에 있었다 해도 좋다. 첫번째 남자는 '아무쪼록 실수하지 말아야지…….' 하고 생각했다. 이것은 지극히 이성적, 상식적인 판단이다. 두 번째 남자는 '무슨 일이 있어도 내것으로 삼아야겠다.' 하고 다짐하였다.

이것은 지극히 주먹구구식 소망이다. 그런데 능력이나 자질이 비슷한 수준의 사나이가 두 사람 나타났을 경우, 기력과 정신력이 있는 쪽이 곧잘 승리를 쟁취한다. 이것은 일견 심히 감정적·본능적으로 보이며(본인의 이성도 그 정도의 일은 알고 있다), 자기도 모르는 면에서 상대에게 생각지 못했던 파워를 발휘하기 때문이다. 그리고 그것을 받은 상대도 자신의 이성적 부분에서는 느끼지 못한 면, 다시 말해서 대뇌변연계에서 이에 호응해버리는 것이다.

바꾸어 말하자면, 대뇌변연계의 잠재의식이야말로 인간이 갖는 위대한 파워의 원천인 것이다. 신피질계(현재의식)가 정상적으로 그 기능을 발휘하지 않으면 사회적으로 실격한 인간이 되어버리지만, 당신이 인생을 보다 더 늠름하고 활기차게 살려고 생각한다면, 잠재의식을 훌륭하게 활용하지 않으면 안 된다. 잠재의식의 활용없이 충실한 인생은 결코 당신을 찾아주지 않을 것이라고 말해도 과언은 아닐 것이다.

잠재능력을 활용하는 네 가지 조건

이제까지 말해온 것으로 우리 인간에게는 평소의 자기로부터 상상도 못할 위대한 힘(잠재능력)이 깃들어 있다는 것을 알게 되었으리라 생각한다. 그러나 다만 알고 있는 것으로만 끝나버리고 이것을 활용하지 않는다면 손에 쥔 보물을 썩히는 격이 된다. 그래서 제1장의 만인이 공통적으로 지니고 있는 위대한 힘인 잠재능력을 훌륭하게 활용하기 위한 기본적인 조건을 간추려서 들어보겠다.

잠재능력을 훌륭하게 이끌어내고, 이를 활용하기 위해서는 다음 네 가지 조건이 필요하다.

****

(1) 상상하는 것(image)
(2) 계속해서 생각할 것(think)
(3) 믿을 것(believe)
(4) 행동할 것(do)

이 네 가지 조건은 가장 기본적인 것인 동시에 이중 어느 한 가지가 결여되어도 잠재능력은 잘 움직여주지 않는다. 이 네 가지 조건이 합쳐서 비로소 당신의 잠재능력은 그 위대한 힘을 발휘하게 되는 것이다. 만약 당신이 잠재능력을 풀로 활용하고 충실된 인생을 지내려 생각한다면 이 네 가지 조건을 잠시도 잊어서는 안 된다.

〔1〕 상상하는 것
문자 그대로 자기의 마음 속으로 생각을 그려보는 일이다. '그렇게 되고 싶다'라는 자기의 이미지를 만들어내는 일이다. 이미지를 부각시킴으로써 잠재의식에 작용하여 잠재능력을 발휘하게 하려는 것이다. 이 단계에서 주의하지 않으면 안 될 일이 있다. 그것은 당신이 묘사하는 이미지는 될 수 있는 대로 선명하게 하라는 것이다.
이를테면 당신이 '집을 짓겠다'고 생각했다고 하자. 그래서 당신은 상상하게 되었는데 이때 막연하게 집이라는 이미지를 머릿속에 그리는 것만으로는 소용이 없다. 대체 어떠한 집이냐, 한옥이냐, 양옥이냐, 지붕은 어떻게 할 것인가, 벽은 어떤 재료를 쓰느냐, 대문과 정원은, 연못은⋯⋯. 이와 같이 세부적인 면에 걸쳐서 선명하게 묘사하지 않으면 안 된다.

그렇지 않고서는 잠재의식은 어떻게 작용해야 좋을지 모른다. 막연하게 '집을 갖고 싶다'라고 생각해서는 겨우 개집이나 실현될는지 모른다. 그렇게 되고 나서야 '나는 개집을 갖고 싶었던 것이 아니었는데' 하고 화를 내봤자, 소용이 없다. 잠재의식은 이렇게 자위할지도 모른다.

'개집도 집은 집이야!'라고.

이와 같이 잠재의식이라는 것은 융통성이 없고 우직하기까지 하며, 또한 농담도 통하지 않는다. '집을 짓고 싶다'는 신호를 받기는 하였지만 어떠한 집인지 전혀 짐작이 안 가면 이러한 실수를 저질러버리는 수도 있다. 그러므로 어떠한 경우라도 당신이 '그렇게 되고 싶다'고 소원하는 것이 있으면 자기의 두뇌가 미치는 한 구체적이고 선명한 이미지를 짜내지 않으면 안 되는 것이다.

〔2〕계속해서 생각할 것

당신의 소망을 이미지화할 수 있게 되면 그것은 실현에의 첫발을 내디딘 것이 된다. 그러나 그 이미지를 지속하지 못

****

한다면 그것은 단순한 착상으로 끝나버린다. 이래 가지고는 잠재능력이 작용해주지 않는다. 자기 자신에 대하여 이미지화하면 이것을 지속시키는 일이 필요하다.

이를테면 외제 승용차가 갖고 싶다고 하자. 당신은 어느날 밤 잠자리에 들 때 '저 승용차를 갖고 싶다'고 생각했다고 하면 상상은 점점 부풀어 아름다운 해변을 애인과 함께 갖고 싶었던 승용차로 드라이브를 하고 호텔의 현관 앞으로 차를 몰아넣었을 때 주위 사람들이 던지는 선망의 눈길, 혹은 고속도로를 질주하는 쾌감……. 이러한 이미지를 가슴 속에 간직하면서 이윽고 잠이 들게 된다.

제1단계는 이런 정도로 좋았으나 날이 바뀌자 깨끗이 잊어버려 낡아빠진 승용차로 만족한데서야, 애초의 이미지도 허사가 되고 마는 것이다. 잠재능력을 활용하기 위해서는 자나 깨나 그 일에 대한 생각을 잊어서는 안 된다.

그와 반대로 현재 자기가 처해 있는 상황으로서는 도저히 불가능하다고 생각되는 '소망'이라 할지라도 언제나 그 '소망'에 대해서 생각하고 있노라면, 이것이 언젠가는 실현되는 것이다.

어느 고승의 가르침에 다음과 같은 구절이 있다.

"무엇보다도 우선 깨달음의 길을 구하는 마음이 절실하지 않으면 안 된다. 이를테면 누군가가 소중하게 간직하고 있는

****

보물을 훔치려 하거나, 강적을 물리치려고 생각하거나, 혹은 지체가 높은 미녀를 자기 것으로 삼고 싶다고 생각하는 사람은 자나 깨나 무슨 일에나, 여러 가지 형태로 기회나 사정은 바뀐다 하더라도 언제나 시기(時機)를 틈타고 마음 속에 간직해야 한다. 이 소망이 극도로 절실할 경우, 그 목적이 이루어지지 않는 일은 절대로 없는 것이다.'

다시 말해서 무엇이건 소망이 있으면 그 일을 언제나 마음속에 간직하지 않으면 안 된다. 항상 마음 속에 간직하고 있으면 그 소망은 반드시 달성될 것이다—— 이것을 이미지화하여 그것을 계속해서 생각하는 효용(效用)을 말해주고 있는 것이다.

〔3〕믿을 것

이미지로 화하기도 하였다. 그리고 그 이미지를 언제나 생각하고 있다는 상태가 지속되면 이미지는 점점 선명해지고 잠재능력은 활발하게 활동하기 시작하여 그 목표와 소망에 당신은 한 발짝 한 발짝 가까워진다. 그런데 여기에서 놓쳐서는 안 될 중대한 포인트가 있다. 그것은 자기가 묘사한 이미지가 반드시 실현된다고 '믿는' 일이다.

앞에서도 잠깐 말했지만, 잠재능력은 우직해서 농담이 통하지 않는다. 속임수도 통하지 않는다. 그러기 때문에 당신이

****

아무리 세부에 걸쳐 선명한 이미지를 묘사하고 그 이미지를 언제나 끊임없이 생각하고 있다 하더라도 당신 자신이 그 소망의 실현을 진심으로 믿고 있지 않다면 잠재의식은 단번에 그 일을 간파하고 만다. 그러므로 잠재능력은 진심으로 믿지도 않는 그런 소망 따위에 대해서 그 위대한 힘을 절대로 발휘해주지 않는다.

여기에서 말하는 '믿는 것'이란, 말하자면 자기를 믿는 것이다. 아무리 간단하게 달성될 듯한 소망이라 할지라도, 또 아무리 어려운 소망이라 할지라도 그것을 염원하고 있는 장본인의 마음 속 깊은 곳에서 '아무래도 어렵겠는데' 하고 생각한다면 실현은 어림도 없다. 자기 자신을 믿지 못하는 사람에게는 비록 표면적으로 아무리 멋진 일을 이미지화하여 잠재의식에 보내보아도 결과는 그의 본심, 다시 말해서 '어렵겠지' 하는 쪽으로 잠재능력은 움직여버리는 것이다.

그대신 마음 속 깊이 그것을 '실현'되리라 믿어버릴 수만 있으면, 마치 기적이라 할 수 있는 일이라도 실현되고 만다는 메카닉한 일면을 잠재능력은 지니고 있다. 따라서 잠재능력을 활용하려 한다면 당신은 먼저 자신을, 그리고 자신이 묘사한 이미지의 실현을 마음 속으로부터 믿지 않으면 안 되는 것이다. 자신을 믿는 일은 자기에 대한 자신(自信), 확신을 갖는다는 것이며, 자기에게 전혀 자신을 갖지 못하고, 비록 입으로는 의젓한 척 말해도 속으로는 언제나 겁을 집어먹는 그런 인물에게는 결코 성공이 찾아오지 않는 것은 잠재능력 이라는 메카니즘에서 볼 때, 당연한 결과라는 것을 이해할 수 있을 것이다.

이를테면 들판 한 가운데에 한 그루의 나무가 서있다 하자. 10미터 떨어진 위치에서 눈을 감고, 그 나무를 향해 본다. 다음에도 마찬가지로 눈을 감고 이번에는 서있는 마부의 모습을 연상하면서 점점 가까이 그 나무가 다가온다고 생각해 본다. 마음 속으로 그것이 눈앞에 있기라도 한 것처럼 생각하며 자갈을 던져 보면 80% 정도의 명중률이 있다 하니, 이상한 일이라 하겠다.

〔4〕행동할 것

내가 강연에서 잠재능력에 대한 이야기를 하면, 이상 세 가지 조건까지 듣고 나서 '과연!' 하며 무릎을 치면서 감탄 해하고 안심해버리는 사람이 많이 있다. 다시 말해서 자기의 이상을 이미지화하고, 그 상념(想念)을 지속시켜서 그 실현을 믿어버리는 데까지 충실하게 실행하려 하는 것이다. 거기까 지는 좋다. 나는 결코 헛된 소리만을 지껄인 것은 아니니까. 그러나 네 번째 조건을 무시해버린다면 대단히 곤란한 일이 아닐 수 없다.

****

네 번째 조건, 그것은 행동하는 일이다. 흔히 '호박이 넝쿨째 굴러온다…….' 어쩌구 하지만 실현이란 그렇게 만만한 것은 아니다. 호박 밭을 아무리 둘러보아도 호박이 쉽사리 넝쿨째 굴러오는 일은 없다. 설사 호박은 굴러올지 모르겠으나, 다른 물체가 함께 굴러 떨어져서 생각잖은 부상을 입게 될지도 모른다.

무슨 일에 있어서나, 무엇인가를 달성하기 위해서는 최종적으로 그에 어울리는 행동이 수반되지 않으면 안 된다.

"정신이 생각하는 것을 육체가 성취한다……."

"정신은 조각가이며, 인생은 우리들이 뜻대로 모양을 만들 수 있는 점토와 같다."

"성공은 항상 성공을 의식하고 있는 사람에게만 주어진다."

이러한 격언은 분명히 옳은 말이겠지만, 그렇다고 해서 심사숙고하며 믿어도 행동이 수반되지 않는다면 그것은 1에 2를 곱하고 3을 곱해도 끝에 가서 0을 곱하는 것과 같아서 그 답은 제로와 같다. 다시 말해서 '나는 되리라고 믿는다(I can).' 뿐이 아니라 '나는 실행한다(I do).', 즉 실행이 없으면 성공의 조건으로는 될 수가 없다.

'나는 할 수 있다(I can).'는 자동차로 말하자면 기어 (gear)를 뉴추럴(neutral)해서 셀 모터(cell motor)를 돌려서 엔진(engine)을 건 상태일 것이고, '나는 실행한다(I do).'는 기어를 넣어 액셀레이터(accelerator)를 밟아서 달리기 시작하는 것이리라.

이 행위의 전후 어느 한 가지만 결여되어도 자동차는 쓸모가 없어진다. 실천하는 행동이야말로 아무것에도 기대지 않고 중대한 포인트를 이루고 있다. 행동은 결과로서의 성공을 보증하지 않으나, 행동이 없는 곳에 성공은 없다는 것을 기억해주기 바란다. 다만 잠재능력의 위대한 힘을 안 사람의 행동은, 보통 항간에서 말하는 '행동'과는 전혀 다른 각별한 행동 양식을 취하는 것이다.

한 예를 보여주겠다. 인간이 무슨 일인가를 달성할 경우 그 행동 양식을 얻는다고 한다. 이를테면 야구에서 먼저 글러브나 뱃이나 유니폼을 장만한다. 이것은 '얻는다'에 해당된다. 다음에는 이 도구를 사용해서 야구장으로 들어선다. 이것은 '한다'의 단계라 하겠다. 그리고 기술적으로 발군의 능력을 몸에 익혀 기어이 프로 야구 선수로 스카웃된다. 여기에서 '이루어진다'가 실현되는 것이다.

이러한 행동 양식이 말하자면 일반적인 패턴이다. 그러나 한 발짝 더 내디뎌서 이 행동 양식을 분석해 본다면 다음과 같이 되는 것이다. 다시 말해서 자기의 소망을 실현하기 위한 행동 양식이란 '이루어진다―― 얻는다―― 한다.'라는 것이다. 물론 첫번째의 이루어진다는 이미지는 세계의 것이다.

****

자기가 프로 야구 선수가 되고 싶다고 생각한 것이라면 '국제경기 구장(球場)의 마운드에서 통쾌하게 던지고 있는 자신' 혹은 '백 스크린에 직격탄을 터뜨려서 3루 홈런을 날리는 자신'의 모습이 무엇보다도 앞선다. 그리고 자기 이미지의 실현을 향해서 '얻는다', '한다'가 현실적인 행동으로서 나타나게 되는 것이다.

제 1 장 요약

◉————— 우주에는 모든 것을 움직이고 있는 근원적인 힘이 있다. 그 만물을
움직이고 있는 에너지야말로 곧 생명이다.

◉————— 인간이야말로 이 대자연이 만들어낸 최고로 훌륭한 작품이다.

◉————— 인간이 본래부터 가지고 있는 힘, 그것이 잠재능력인 것이다. 잠재
능력은 이 우주의 대자연을 움직이고 있는 근원적인 힘과 동량(同
量)·동질(同質)의 무한한 에너지를 말하는 것이다.

◉————— 잠재능력이라는 명칭은 근대 이래의 것이지만, 그 힘은 기독교에서의
하느님, 불교에서의 부처, 과학자가 말하는 법칙에 필적할 만큼 가치
있는 것이다.

◉————— 우리 현대인은 눈앞의 현실에 현혹되어 인간이 본래부터 가지고 있는
힘의 존재를 자칫 잊기 쉬운 것이다. 그리고 그 일이 많은 사람을
불행하게 하고, 혹은 불행까지는 안 되더라도 본의 아닌 인생의 커다
란 원인을 만들고 있는 것이다.

◉————— 잠재능력에 대해서는 근자에 과학적으로도 연구의 대상이 되고 있
으며, 또한 인간에게 그러한 능력이 갖추어져 있다는 사실은 거의
의심할 여지가 없다 해도 과언이 아니다.

◉————— 세상에서 말하는 초능력이라 하는 것은 인간이 갖는 잠재능력이 극히
선명하게 구체화된 것을 말하는 것이다.

◉————— 인간은 누구나 초능력(超能力)을 가지고 있다. 결코 특별한 인간에

****

게만 초능력이 주어지는 것은 아니다.

◉——— 잠재능력(潛在意識)과 현재의식(顯在意識)의 관계는 마치 빙산(氷山)에 비유된다. 수면에 나와 있는 부분이 현재의식이며, 수면 아래 숨겨진 부분이 잠재의식이다. 그 비율은 10대 90이어서 잠재의식이 차지하는 부분쪽이 훨씬 크다.

◉——— C. G. 융에 따르면, 인간의 잠재의식은 한 사람이 태어나서부터 현재에 이르기까지 경험한 것뿐만 아니라. 그 조상들의 경험까지도 유전적으로 전해지고 있다고 한다.

◉——— 잠재의식은 대뇌변연계(大腦邊緣系)의 작용으로 나오고 있다.

◉——— 잠재능력을 훌륭하게 활용하기 위해서는 다음의 네 가지 기본적인 조건을 잘 지켜야 한다.

　(1) 상상하는 것(image).

　(2) 계속해서 생각할 것(think).

　(3) 믿을 것(belive).

　(4) 행동할 것(do).

제 2 장
인생을 자기 뜻대로 사는 법

****

1. 티 없는 마음(裸心)

먼저 허식(虛飾)을 버려라

인생을 자기 마음대로 살자. 이렇게 말하면 '그런 억지 소리가 어디 있어, 누구는 그러고 싶지 않아서 이렇게 사는 줄 알아?' 하고 당장 쏘아붙일 것이다. 인생이란 그렇게 만만한 것이 아니다. 순풍에 돛달 듯이 무슨 일을 하건간에 잘 되고 누가 보아도 행복에 넘쳐보이는 사람은 결코 흔하지 않을 것이다. 이것은 사실이다.

그러나 그렇다 해서 당신의 인생도 다른 사람들처럼 '뜻대로 안 된다.'고 정해진 것은 결코 아니다. 오히려 '뜻대로 안 된다.'고 생각하고 있음으로 해서 그대로 현실만이 당신을 찾게 되는 것이다. 이 세상에는 성공한 사람보다 실패한 사람이 많고, 행복에 가득찬 인생을 즐기는 사람보다 불행하고 본의 아닌 인생을 살고 있는 사람이 많은 것은, 많은 사람이 '인생이란 자기 욕심대로 살아지는 것이 아니야.'라고 생각하는 사람이 얼마나 많은가를 말해주는 것이다.

왜? 왜 그렇게 생각하는가. 내 생각으로는 그것은 어른이 되어감에 따라 인간이 이성(理性)·상식 혹은 자아의식에 의존하여 사는 일이 많아지기 때문이다. 사람이란 성장하는 과정에 있어서 여러 가지 체험·정보·지식을 얻게 되며 이를 기반으로 하여 좋은 사회인이 되려고 생각한다. 이것은 어떤 의미에서는 사회가 개인에게 요구하는 것이기도 하지만, 뇌의 발달 과정에서 말하자면 신피질(新皮質), 즉 현재의식의 부분을 연마하는 것에 지나지 않다.

신피질이 발달하지 못해도 가지고 태어난 대뇌연변계의 작용 쪽이 강한 어린 시절에는 행동이 정력적이어서 이 세상에 무서운 것이 없는 것처럼 행동한다. 갓 태어난 아기라도 주먹을 쥐는 힘은 자기 체중을 지탱하기에 충분하다고 한다. 우리 성인들은 어린이에 비해서 지혜와 체력도 있다고 생각하고 있으나, 실은 본래 가지고 있는 능력을 쓸데없는 것으로 감싸고 있는 것이다.

겉치레, 허영심, 몸단장, 정보, 혹은 지식이나 체험에서 생기는 쓸데없는 걱정, 근심, 불안······. 이러한 것들에 싸여있을 때 인간은 본연의 힘을 발휘하지 못한다. 자아의식의 세계에서는 잠재능력은 훌륭한 작용을 해주지 않기 때문이다.

본연의 힘이 나타나는 것은 일체의 자아의식을 제거하였을 때이다. 불이 났을 때 엉뚱한 힘을 발휘할 수 있는 것은 무아몽중(無我夢中), 일심불란(一心不亂)의 상태에 있는 때라고 말하면 납득할 수 있을 것이다. 불이 난 판에 육중한 냉장고를

앞에 놓고 '이것을 들 수 있을지 몰라.' 하고 생각할 사람은 없다. 얼떨결에 행동한 뒤에야 자기의 예상 밖의 능력에 대하여 깜짝 놀라는 것이다.

자아망각(自我忘却)의 에너지란 말이 있는데, 인간이 무엇인가를 꼭 이루고 말겠다 할 때에 이성적이며, 상식적이며, 도리어 비상식적으로 보일 만큼 목표를 향해 단순한 에너지로 부딪칠 때 참된 능력을 발휘할 수 있는 것이다.

의사라도, 열심히 환자를 대하고 있을 때는 병이 쉽사리 전염되지 않는 것이며, 또 그런 때에는 피로도 전혀 느끼지 않는 법이다

잠재능력을 훌륭하게 활용하기 위해서는 먼저 티없는 마음으로 돌아가지 않으면 안 된다. 티없는 마음이 되면 용기도, 지혜도, 힘도, 솟구쳐나온다는 것은 이를 두고 하는 말이다.

자기 자신의 마음을 아는 소중함

그러나 제아무리 티없는 마음(裸心)이 되려고 하여도 이것은 옷을 벗는 것과는 그 의미가 다르기 때문에 '네, 그렇습니까?' 하고 곧 실행할 수 있는 것은 아니다.

인간의 자아의식이란 극히 강렬해서 누구든 이 옷을 입고

****

살기 때문이다. 욕을 먹거나, 바보 취급을 당하거나, 멸시당하면 사람들은 놀랄 만큼 반발심을 일으킨다. 이것은 자아의식의 의복을 갑자기 다른 사람이 벗겨버린 것과 같기 때문이다.

그러나 자기 스스로 벗는 경우라면 아무런 저항도 할 이유가 없을 것이다. 하루 한 번이라도 좋으니 아무도 없는 곳에서 자기의 마음을 개방해 본다. 이것은 말하자면 뉴트럴(neutral)한 상태로 자기의 마음을 점검해보는 일인 것이다. 그렇게 함으로써 저절로 자기 본연의 모습을 알 수 있기 때문이다.

마음의 상태를 4개의 창에 비춰, 그 가운데에서 주위도, 자신도, 전혀 느끼지·못하던 잠재능력이 있다는 것을 밝힌 사람이 조하리이다.

조하리에 따르면 인간의 마음은 4개의 창을 가지고 있다. 그 4개의 창이란, '밝은 창' '감추어진 창' '맹목(盲目)의 창' '어두운 창'이다. 이것만으로는 좀처럼 무슨 말인지 알기 어려울 것으로 생각되어 그 하나 하나의 창에 관해서 간단한 설명을 달아볼까 한다.

• 밝은 창

먼저 창문을 연상하기 바란다. 밝은 창이란 밖에서 내부를 볼 수 있지만, 내부에서는 밖이 잘 보이는 상태의 창문을 말한다. 바꾸어 말하자면 자기 마음의 상태가 다른 사람에 대

****

하여 똑똑히 표명된 상태, 노기에 찬 마음, 기뻐하는 마음, 슬퍼하는 마음 등이 모두 표정이나 태도가 동작으로 나타나고 있다. 허식이나 꾸밈이 없이 감정·욕망이 내키는 대로 행동하는 사람의 마음을 말하는 것이다. 이 마음은 말하자면 정직하여, 인간에게 본래 있어야 할 모습이라고도 말할 수 있을 것이다. 어린이의 마음에 이 '밝은 창'이 많이 있음은 더 말할 나위도 없다.

 • 감추어진 창

커튼으로 가려진 창은 밖에서 내부를 들여다볼 수 없다. 감추어진 창문이란, 본인은 잘 알고 있지만 다른 사람에게는 알려지지 않은 마음의 상태를 가리킨다.

앞서 말한 밝은 창이 본색(本色)이라 한다면 이 창은 방침이며, 연기·연출의 창이기도 하다.

어른이 되면, 다른 사람에게 자기의 본심을 표면에 나타내지 않는 일이 많다. 이것은 자기 관리를 할 수 있는 마음이며, 대체로 나쁜 일이라 말할 수는 없다. 사회에서 리더적 입장에 선 사람들은 언제나 밝은 창만으로 지낼 수만은 없는 것이 사실이다. 중요한 점은 밝은 창과 감추어진 창과 밸런스가 취해져야 할 것이다. 점잖은 어른이 지나치게 희·비·애·락을 뚜렷하게 나타낸다면 변덕장이라고 손가락질할 것이다. 또한 언제나 애매한 태도만 취한다면 무엇을 생각하는지 모르기 때문에 엉큼한 사람이라 할 것이다. 인간성으로서의 밝은 창은 훌륭한 것이겠지만 사람들과 원만하게 지내기 위해서는 감추어진 창문도 중요하다.

● 맹목(盲目)의 창

이것은 당사자는 모르고 있으나 다른 사람에게는 잘 보이는 창문, 이 창과 같은 마음의 상태에 놓여 있는 사람은 곧잘 독선 (獨善)에 빠질 위험성을 지니고 있다. 누구나 남의 이목에 신경을 쓰지만, 실제로 남에게 어떻게 보이고 어떻게 평가되고 있느냐 하는 것을 정확하게 파악하는 것은 생각보다 어렵다. 다른 사람들이 자기를 '정직하고 밝은 사람'이라 생각할 것 이라고 믿고 있다 할지라도 남들은 '호인'이라고 밖에 생각 하지 않을지도 모른다.

실제로 이런 케이스의 사람은 많이 있으며 이것이 오해, 곡해, 의사소통을 방해하는 커다란 원인이 된다. 그러므로 겸허한 마음으로 주위의 소리에 귀를 기울이는 마음가짐으로, 또 자신없는 불안한 상태가 되어도 낙담하지 말고, 더한층 노력함으로써 마음의 창문을 열고 자기를 성장하게 할 수 있는 것이다.

● 어두운 창

이 창은 글자 그대로 어두워서 다른 사람은 물론, 자기 자 신도 알 수 없는 창문을 말한다. 프로이트가 말하는 무의식의 세계는 이 창에 해당한다. 그러나 이 창문이야말로 잠재능력을 발휘할 수 있는 곳이며, 인간이 성장하는 힘의 본체는 이 어두운 창에 있다고 해도 좋을 것이다. 본인이 자각할 수 있는 의식 부분(현재의식)의 아래에 있으나, 앞서도 설명한 바와 같이 현재의식은 어디까지나 빙산의 일각이며, 이 어두운 창에 상당하는 부분 쪽이 훨씬 더 큰 것이다. 그러니까 지금 자각할 수 있는 자기, 또한 스스로 생각하고 있는 능력 등은 상상도 못할 거대한 파워를 지니고 있다.

이 창문은 평소에도 절대로 볼 수가 없다. 하지만 꿈이나 최면에 걸린 상태에서는 볼 수가 있다. 인간은 과거에 추적된 지식이나, 경험을 무의식의 마음 속에 억압하고 있는 수가 있다. 정신분석적 치료는 이러한 억압을 제거함으로써 정신적으로 병든 인간을 낫게 하는 것이다. 또 이 부분의 파워를 믿고, 훌륭하게 활용함으로써 커다란 성공을 쟁취할 수 있음은 더 말할 나위가 없다.

이상 조하리의 4개의 창에 관해서 간단하게 설명해 보았으나, 이 조하리의 이론으로 알 수 있는 것은 어느 창문이나 제 나름대로의 효용이 있으며, 따라서 절대로 멸시할 수 없다는 것이다. 밝은 창의 소유자는 확실히 천진난만해서 좋지만 사회 생활을 훌륭하게 영위하기 위해서는 감추어진 창도 필

****

요한 것이다.

또, 아무리 자아의식이 강하고, 자기 분석 능력이 풍부한 사람이라 할지라도, 맹목(盲目)의 창이 없다고는 단언할 수 없다. 그런데 자기에게나 다른 사람에게도 알 수 없는 어두운 창에는 잠재능력이 숨어 있다. 요는 자기의 마음이라는 것을 잘 알 것. 이것이 티없는 마음(裸心), 다시 말해서 당신 본래의 모습, 원점으로 되돌아가는 첫걸음인 것이다. 그렇게 함으로써 당신은 무엇을 진심으로 소망하고, 또 그러기 위해서는 무엇을 어떻게 하지 않으면 안 되는가, 그리고 무엇이 자기의 목표 달성을 가로막고 있는가 하는 것이 저절로 밝혀지게 되는 것이다.

인간에게는 누구나 남이 보고 있다는 느낌을 가지고 있다. 그러기 때문에 연기를 하려는 자아의식이 작용한다. 참된 의식은 제일 깊은 곳에 있는 것이지만, 연기를 하려 하는 자아의식에 의해서 외부로부터의 눈길에 대응하려고 한다. 그러나 이것이 반드시 잘 되리라는 보장은 없다. 잠재의식에서의 소리, 혹은 자신이 없는 것 등이 원인이 되어 연기가 잘 되지 못하는 수가 있을 것이다.

'흥분한다.'라는 말은 이를테면 연기를 잘 하려는 나머지 오히려 자아의식 과잉에 빠져 들었을 경우를 말한다. 주정뱅이나, 어린이가 '흥분하지 않는' 것은 '잘 보여야지' 하는

****

자아의식이 없기 때문이다. 그러나 홍분하지 않기 위해서 자아의식을 없애버릴 수는 없다. 진정한 자기를 발견하여 겉치레나, 허영을 깡그리 버림으로써 자아의식을 훌륭하게 유도해 나가지 않으면 안 되는 것이다. 그러기 위해서는 먼저 자기의 마음을 아는 일부터 시작할 필요가 있는 것이다.

끼리끼리의 법칙

마음의 상태에 대해서 대충 알았으면 그것을 바람직한 방향으로 이끌어가는 노력을 하는 것은 당연한 일이다. 그러나 이것은 말하기는 쉽지만 행동하기는 어려운 것이다. 불행한 일을 당해서 의기소침해 있을 때, 혹은 가지고 태어난 어두운 성격 등을 갑자기 힘차고 명랑하게 하려 하여도 이것은 그렇게 간단하게 될 수는 없는 일이라고 누구나 생각할 것이다.

그렇다! 그러나 제 아무리 어렵다고 해도 팔짱만 끼고 있대서야 당신은 자기의 인생을 마음 먹은 대로 디자인해 나갈 수 없을 것이다. 거듭 말한 바와 같이 '아무래도 못하겠다.' 라고 생각한 순간부터 당신의 일은 정말로 못하게 되는 것이다. 왜냐하면 당신 자신이 잠재의식에게 '그렇게 못하도록' 명령하고 있기 때문이다.

그러므로 자기의 마음을 분석해 보고 아무래도 바람직하지 못한 상태에 놓여 있다고 생각되었을 때 당신은 어떻게 해야 좋은가? 이럴 때 생각하지 않으면 안 되는 것이 '끼리끼리의 법칙'이라는 것이다.

예로부터 '유유상종(類類相從)'이라는 말이 있다. 같은 성질, 같은 기질을 가진 사람들끼리 절로 모여지는 것을 말하는데 이것은 자연계의 대법칙이라고도 말할 수 있다. 이것은 자연계를 살펴보아도 그 의미를 곧 이해할 수가 있다.

이를테면 황금을 캐내려 할 때, 사람은 어떻게 하는가? 여기 저기 덮어놓고 파헤치지는 않는다. 역시 금이 나올 만한 곳을 골라서 파들어간다. 그리고 금이 어느 일정한 지역에 모여 있는 곳을 광맥이라 부르는 것이다. 석탄이나, 석유 또는 다이아몬드라도 이 지구상의 아무 곳에나 흩어져 있는 것이 아니라, 함께 모여서 존재하고 있는 것이다.

어째서 그런가 하는 것은 과학적으로나 설명될 일이겠지만, 어찌 되었든 같은 성질의 것이 모여 있는 것은 자연계의 법칙이라 해도 좋을 것이다. 식물도, 바닷속의 물고기도 다 그렇다! 인간도 이 법칙이 그대로 들어맞는다. 술꾼에게는 술꾼이, 개구장이에게는 개구장이가, 몸이 약한 사람에게는 약한 사람끼리……

이런 식으로 특별히 의식하지 않아도 서로 닮은 것끼리

****

모이게 된다. 모이게 되면 거기에 하나의 환경이 조성되고, 그 영향을 받는 것이 인간이다. 언제나 실패만 거듭하는 사람에 게는 실패한 사람이 모여든다. 언제나 불평불만 털어놓는 사 람의 주위에는 그런 사람만 모여든다. 그리고는 실패를 개탄 하고 불평불만을 늘어놓아, 실로 '동병상련(同病相憐)'으로 그날 그날을 허송한다. 만약 이와 같은 환경이 당신의 일상 생활이라면 당신의 심적 상태가 바람직하지 못하다는 것은 자명한 일이다.

"나는 운이 나빴어……."

"마가 붙었나봐."

어쩌면 당신은 자신의 일을 이런 식으로 생각하고 있을지도 모른다. 그러나 실제로는 자기의 바람직하지 못한 마음이 같은 종류의 벗을 부르고, 그럼으로써 보다 나쁜 상태로 자기를 몰아넣고 있는지도 모른다. 잠재의식이 언제나 나쁜 상태가 되는 것을 명령 받아 이를 충실히 실행하고 있는 것이다.

이와같이 바람직하지 못한 심적 상태에서 탈출하기 위해서 당신이 하지 않으면 안 될 일이 하나 있다. 우선 당신의 주위에 모여든 사람들을 당신으로 하여금 바람직한 심적 상태로 돌 아가게 해주는 일이다.

****

먼저 자기 자신어 달라쳐라

만약 당신이 어두운 마음의 소유자였을 경우, 밝고 활발하게 인생을 보내고 있는 사람을 자신의 신변에 둔다는 것은 매우 어려운 일이다. 만약 당신이 경제적으로 곤경에 빠져 있다면 부유한 사람들에게 둘러싸이는 일이란 극히 어려운 일일 것이다. 그러나 이러한 본의 아닌 현상을 타파하기 위해서는 무슨 일이 있더라도 이 곤란을 극복하지 않으면 안 된다.

그러면 어떻게 하면 좋단 말인가? 그것은 당신 자신이 먼저 달라지는 것이다. 하지만 갑자기 당신이 달라진다는 것도 무리일 것이다. 그건 그래도 상관이 없으니 우선 그런 척 행동해 보는 것이다. 어두운 마음의 소유자라면, 될 수 있는 한 명랑하게 행동해 본다. 경제적으로 곤경에 빠져 있어도 그렇지 않은 것처럼 행동한다. 이렇게 하는 것이 자기를 달라지게 하는 첫걸음이다.

어째서 그런가 하는 것은 따로 자세하게 설명하겠지만, 그렇게 함으로써 끼리끼리의 법칙이 당신에게 바람직한 전망을 보여주게 된다는 것을 보증할 수 있다.

견인(牽引)이란 '잡아당기는 것' '끌어당기는 것'을 뜻하는데 그 말하고자 하는 것은 같다. 머피 박사는 이런 말을 하고 있다.

****

'절대로 돈에 대해서 욕하지 마라. 돈을 욕하면 돈은 당신에게서 달아나버릴 테니까.' ──머피 100가지의 성공 법칙──

우리 동양인은 유교적인 결벽감에서인지는 모르겠으나, 돈이란 것에 대해서 어딘지 켕기는 생각을 갖고 사람도 결코 적지 않은 것 같다. 돈은 불과 같은 것이어서 그 자체는 나쁘지 않은 것이다. 오히려 돈은 '대단히 좋은 것'이다. 다만 너무나 대단하고 너무나 좋은 것이기 때문에 나쁜 수단을 써서라도 많이 가지려 하는 것이 문제가 된다.

'정직한 마음을 가진 자가 부를 얻고, 풍요로워지는 것은 대단히 바람직한 일이다.'

라고 하는 말은 현대의 화폐 경제 사회에서 좀더 다시 생각되어도 좋으리라고 생각한다.

이야기가 약간 빗나간 것 같지만, 내가 하고 싶은 이야기는 당신이 어떤 종류의 편견을 가지고 있으며, 당신의 주위에는 그에 동조하는 자가 모여들게 된다는 것이다. 그리고 그런 종류의 인간과는 함께 있고 싶지 않을지라도 당신의 마음이 달라지지 않는 한 이것은 무리한 일이다. 가장 **빠르고** 확실한 방법이란 당신의 정신 상태를 바꾸어버리는 것이다. 만약 당장 바꾸어지지 않는다면, 달라진 것처럼 행동하는 것에서부터 시작해 보기를 권한다.

****

2. 긍정적 인생과 부정적 인생

두 가지 타입의 처세술

인생에 대해서 인간이 맞설 자세는 크게 나누어 두 가지라고 생각한다. 보는 방법은 여러 가지가 있으리라 생각되지만 나는 이것을 긍정적인 인생의 타입과 부정적인 타입이라 부르고 있다.

긍정적인 인생의 타입이란? 문자 그대로 인생을 긍정적으로 생각하고 있는 사람이며, 만사에 적극적이며 언제나 활발하게 지내고 있다. 여기에 대해서 부정적인 인생의 타입이란 '이 세상은 아무 짝에도 쓸모가 없다.'라고 거의 체념하고 있는 타입이며 만사에 소극적이고, 대개 그늘진 성격의 소유자이다. 어느 쪽이 더 즐겁고 처세술로서 유익한가는 더이상 따질 여지가 없겠으나, 어째서 그런가 하는 점에 대해서는 조금만 더 생각해 보기로 하겠다.

벼룩이 서커스를 하는 구경거리가 있다. 몇 마리의 벼룩이 톡톡 튀어다니며 아름다운 포물선을 그린다. 벼룩은 덮어놓고 도약하는 것이 아니라, 제각기 정해진 뜀뛰기를 하고 있다. 커다란 활 모양을 그리는 벼룩, 나즈막하게 뛰는 벼룩, 천천히

뛰는 벼룩……. 비록 미물인 벼룩이라고는 하지만 보고 있
노라면 참 재미 있다. 동시에 저 작은 벼룩을 어떻게 훈련시
켰을까? 하는 의문을 갖게 된다.

이 벼룩의 훈련 방법이란 이를테면 이런 식인 것 같다. 유
리컵 안에 벼룩을 잡아넣고 위에서 유리 뚜껑을 덮는다. 벼
룩의 도약력(跳躍力)은 자기 몸의 수천 배나 되어, 인간으로
비유한다면 롯데 빌딩을 가볍게 뛰어넘을 만큼 높이뛰기의
명수다. 그러나 유리 뚜껑으로 덮여 있기 때문에 아무리 뛰
어도 유리 뚜껑에 부딪쳐 버린다. 그러는 동안 벼룩은 도약
력을 조정하여 유리 뚜껑에 부딪치지 않는 범위 안에서나 뛸
수 있게 된다. 그렇게 되어버리면 이제 유리 뚜껑을 벗겨도
밖으로 튀어나오는 일은 없다. '아무래도 안 된다' 하고 체
념해 버리는 것이다.

이 벼룩의 훈련과 흡사한 실험이 있다. 물통에 꼬치고기
(稜子漁)를 넣고 반쯤 유리로 막은 다음, 그 막은 쪽 부분에
모이를 뿌린다. 꼬치고기는 모이를 먹으려 하지만 그때마다
주둥이가 막은 유리에 부딪쳐서 먹지 못한다. 이것을 몇 번
이고 되풀이하고 있노라면 꼬치고기의 유영범위(游泳範圍)가
한정되어 모이가 있는 쪽은 무시한 것처럼 딴전을 부린다.
차단된 유리를 제거하고 모이를 먹을 수 있는 상태가 되어도
꼬치고기는 모이를 먹지 않는다. 그뿐 아니라, 그대로 굶어

죽고 만다고 한다.

인간에게도 벼룩이나 꼬치고기와 같은 방식으로 사는 사람이 있다. 다시 말해서 몇 차례의 좌절과 실패로 '아무래도 안 된다'라고 까마득하게 마이너스의 고정관념을 만들어버려, 상황과 환경이 달라졌음에도 불구하고 사물을 부정적으로 밖에는 보지 못하는 타입이 되고 만다. 이렇게 되어버리면 아무리 좋은 찬스가 돌아와도 이 기회를 잡을 수 없다는 것은 당연한 일이 아니겠는가.

이를테면 어느 기계공(機械工)이 잘못 실수해서 손가락 하나를 잃어버렸다. 이것은 참으로 큰일이다. 그러나 '이제 난 틀렸다. 내 인생은 끝장이다.'라고 절망감에 빠지는 것과 '손가락 하나를 잃었지만 다행이다. 더욱 열심히 해야지.' 하고 생각하는 것과는 그 뒤의 인생에 상상도 못할 만큼 커다란 차이가 생긴다는 것이다.

무슨 일이 있어도 인생을 긍정할 것, 그리고 부정적 관념을 버릴 것, 이것이 인생을 자기 마음대로 살기 위한, 절대로 잊어서는 안 될 자세이다.

****

재능이나 능력보다는 마음가짐

긍정적인 자세로 인생에 대처하는 일이 얼마나 소중한 것인가를 밝힌 하나의 좋은 이론이 있다. 사이코사이버네틱스(psychocybernatics) 이론이 바로 그것이다.

이 이론을 확립시킨 맥스웰 마르츠 박사는 젊은 시절부터 저명한 정형외과 의사였는데, 어느 날 다음과 같은 사실을 발견하게 되었다. 그것은 성형 수술에 성공한 사람은 단순히 얼굴 모양만 달라지는 것이 아니라, 인생 그 자체가 달라지고 있다는 것이다. 이 사실에 흥미를 갖게 된 박사는 어째서 인생까지 달라지는 것인가를 분석해 보았더니 수술 전에는 열등감에 사로잡혀 있던 사람이 수술 뒤에는 밝고 자신감에 넘친 자기상(自己像)을 갖게 되어, 이것이 그 사람의 인생을 바꿔 놓았다는 것을 알게 될 것이다.

말하자면 부정적인 인생에서 긍정적인 인생으로의 전환이다. 자기의 용모에 자신이 없어서 언제나 열등감에 시달려 괴로워 하고 있었으나, 다른 사람이 보아도 놀랄 만큼 적극적이고, 당당한 자세로 변했다. 그리고 그 태도의 변화가 차차 보다 좋은 방향으로 유도해준다는 것이다. 이 사실은 다음과 같은 것을 가르쳐준다. 다시 말해서 인생을 보다 훌륭하게 디자인하기 위해서는 지식이나, 재능이나, 노력도 소중하지만

****

그보다 더욱 소중한 것은 그 사람의 심적 태도라는 것이다. 어떻게 생각했는가? 어떻게 살려 보았는가가 그 사람의 재능이나 노력, 지식 이상으로 문제가 되는 것이다.

물론 지식이나, 재능이나 노력은 무슨 일에 있어서나 성공하기 위해서 필수적인 조건이기는 하지만, 이것들이 전부가 아니라는 것을 알아주기 바란다. 왜냐하면 세상을 둘러보면 곧 알 수 있는 일이지만, 높은 지식이나 재능을 갖고 태어나, 노력을 하고 있는데도 불구하고 결과적으로는 잘 안 되고 있는 사람도 많이 있다.

이런 사람은 말하자면 온 힘을 기울여 자전거 페달을 밟아도 체인이 벗겨져 있는 것을 모르고 있는 사람과 같다. 이런 사람일수록 '나는 남에게 폐를 끼치지 않고 이토록 노력했는데…….'라고 말한다. 그러나 체인이 벗겨진 것을 모르고 있는 한, 목적지에 갈 수는 없다. 성급하게 그저 페달만 밟는 우를 범하기 전에, 다시 한 번 자기가 이제부터 하려고 하는 것을 솔직한 마음으로 점검해 볼 필요가 있다. 이런 일이야 말로 심적인 태도인 것이다.

또한 이렇게 말할 수도 있다. 현재 당신은 지금 성공을 거두고 충실감에 가득차 있는 당신, 혹은 생각한 대로 잘 안 되어 고민하고 있는 당신, 당신의 모든 것은 과거에 있어서 당신이 가지고 있던 심적 태도(想念이라고 해도 좋다)의 총화라는

****

것이다.

괴테는 이렇게 말하고 있다.

"상념은 그 자체가 당신 자신이다. 무엇을 생각하고 무엇을 연구하는가에 따라서 당신의 인생은 결정된다."

당신은 운이 나빴고, 재능도 없고, 노력도 하지 않았으니 현재의 본의 아닌 결과를 초래한 것일까? 당신에게는 재능도 있고, 노력도 하고, 운도 좋았기 때문에 현재의 성공을 쟁취한 것일까?

실은 그렇지 않다. 좋건 나쁘건 당신이 품어온 심적 태도의 결과인 것이다. 심적 태도란 망망한 바다를 항해하는 배의 키〔舵〕와 같은 것이어서, 그 마음의 키를 어느 방향으로 돌렸느냐에 따라서 도착할 장소가 결정되는 것이다. 누차 말한 바와 같이 당신의 잠재 능력은 당신의 마음, 본색에 충실하게 기능하고 있는 것이다. 일찌기 나는 로스앤젤레스 교외에 있던 머피 박사의 자택에서 잠재의식에 대하여 지도를 받았을 때, 스승으로부터 매우 인상 깊은 말을 들은 적이 있다.

"성공이란, 재능이나 지식만이 아니다. 또, 노력만도 절대 아니다. 그것은 이미지(image)에 의한 당신의 심적 태도에 따라서 결정된다."

이 메카니즘을 잊어서는 안 되는 동시에 이 메카니즘을 미래를 향해서 유효하게 살려 나가야 한다고 나는 생각한다.

****

재능이나 노력, 지식이라는 것은 먼저 바람직한 심적 태도가 있고서야 비로소 쓸모 있는 것이며, 바람직한 심적 태도는 당신이 이제까지 모르고 있었던 재능을 발굴하고 노력하는 의지를 끌어내 줄 것이 틀림없다.

그럴 듯하게 행동할 것

그런데 당신의 인생은 당신이 가지고 있는 심적 태도에 걸려 있다고 한다면, 먼저 무엇보다도 앞서 하지 않으면 안 될 일은 바람직한 심적 태도를 가지는 것이며, 누구든지 실제로는 그렇게 바라고 있는 것이다. 그런데도 현실의 생활 속에 아무래도 부정적인 측면만 노출되어서 자신도 본의 아니게 바람직하지 못한 심적 태도를 취하게 되는 케이스가 생기기 쉽다. 오히려 그쪽이 더 많을는지도 모른다.

그러므로 나는 한 가지 방법을 권하려 한다. 그것은 무엇인가 하면 '그럴 듯하게 행동할 것'이다. 기쁘지 않아도 기쁜 척 행동할 것, 피로해 있어도 활발한 척 행동한다. 슬퍼도 슬프지 않은 척 웃어 보인다. 사람들은 이것을 정직하지 못하다고 하겠는가?

결코 그렇지는 않다. 나는 즐거울 때에 슬픈 얼굴을 하라고

말하고 있는 것은 아니다. 바람직하지 못한 심적 태도에 빠져
있을 때, 그렇지 않은 상태로 가져가는 테크닉을 제시하고
있는 것이다. 인생은 그 자체가 드라마이며, 당신은 그 주역
이다. 인생이란 드라마에도 연기는 따라다닌다. 인생을 보다
잘 살기 위해서는 당신에게 필요한 연기를 하지 않으면 안
된다. 그럴 듯하게 행동함으로써 '그렇게 된다'는 효용은 측
량할 수 없는 것이다.

부처님 말씀에 '체심불이(體心不二)', '색심불이(色心不
二)', '심신일여(心身一如)' 같은 말이 있다. 사람의 마음과
신체는 밀접한 관계가 있다. 슬프다 해서 울고만 있으면 마
음은 어두워지고 육체에도 나쁜 영향이 미치게 된다. 더구나
주위 사람에게까지 그 나쁜 영향이 파급된다.

신체와 마음의 관계를 불교에서는 '일극불이(一極不二 :
둘이 아니고 하나다)라고 설법하고 있다. 일극과 불이는 손바
닥과 손등 같은 것이어서 마음이 슬퍼지면 얼굴의 표정이나
태도도 모두 슬픈 행동을 하게 되며, 반대로 슬픈 표정이나
행위를 하면 마음도 슬퍼진다. 내 친구 중에 세일즈를 하는
남자가 있는데, 그 사람은 매일 아침 집을 나서기 전에 거울
앞에서 벙글벙글 웃거나, 진지하게 이야기하거나 하는 트레
이닝을 한다. 그렇게 자기의 기분을 콘트롤하고 나서야 나가
는데 그는 이 일과를 '거울의 마술'이라 부르고 있다. 물론

이 남자의 업적이 뛰어났음은 말할 나위도 없다.

거울 앞에서 소리내어 '안녕하십니까?' 하고 흡사 배우처럼 즐거운 표정으로 기분 좋게 손님들을 응대하기라도 하는 것처럼 행동하면 자기의 마음이 평화로워진다고 한다.

스트레스 학설의 권위자인 한스 셸리 박사에게는 이런 에피소드가 있다.

여섯 살 때 한스 소년이 엉엉 울고 있었는데, 할머니가 다가와 이렇게 말했단다.

"한스야! 울지 마라. 슬픈 일이 있었다고 해서 울고만 있으면 점점 더 슬퍼지기만 한단다. 슬퍼도 웃어봐라, 웃는 얼굴을 해봐, 웃고 있노라면 명랑하게 된단다."

'슬프다 해서 울어서는 안 된다. 울기 때문에 슬픈 것이다.' 라는 말이 있지만 한스 소년에게 할머니가 하는 말도 이와 같은 것으로서 이 말은 인간의 생리를 너무나도 잘 지적하고 있다.

그 할머니에 그 손자……라, 한스 소년이 뒤에 세계적으로 저명한 학자가 된 것도 절로 수긍이 간다.

그건 그렇고, 한스 소년에게 있어서 할머니의 말씀은 대단히 인상 깊었던 것 같다. 그의 어느 저서에 이런 구절이 있다.

"때묻은 누더기 옷을 몸에 걸치고 목욕도 하지 않고, 수염이 텁수룩하게 난 떠돌이는 심신의 스트레스에 대한 저항력을 상실하고 있다. 그러나 예컨대 그가 수염을 깎고 단정한 복장으로 차려 입는다면 그것만으로도 자동적으로 스트레스에 대한 저항력은 강화될 것이다."

어느 배우는 잡지 칼럼에 이런 것을 쓰고 있었다.

어느 영화의 로케 때 번화가의 일류 아파트에 거지 행색을 하고 들어갔을 때의 일이다. 생 로케라 영화를 찍고 있다는 것을 모르고 있던 고객들은, 너무나 훌륭하게 변장한 그 배우를 보고, 진짜 거지로 알았던지 그에게로 쏠리는 시선은 더러운 것이나 메스꺼운 것을 볼 때처럼 소름이 끼칠 만큼 냉혹한 태도였다고 한다. 그때 그 배우는 문득 자기가 진짜 거지라도 된 것 같은 착각에 빠졌었다. 사실은 그곳에서 쇼핑을 하지 않으면 안 되었으나, 도저히 그럴 수가 없어서 그는 밖으로 도망쳐 나와버렸다고 한다.

그럴 듯하게 행동하는 것이란 그다지 어려운 일이 아니다. 처음에 약간의 용기가 필요할 따름이다. 익숙해지면 가만히 있어도 그렇게 할 수 있게 된다. 그렇게 되기만 하면 대단한 것이다. 당신은 자기의 생각대로 인생에 첫걸음을 내디딘 셈이 될 것이니까.

****

20세기 최대의 발견

우리가 살고 있는 20세기는 과학 기술의 세기이다. 이 세기에 이르러 발명, 발견이라 부를 수 있는 것은 문자 그대로 헤아릴 수 없을 정도이다. 아마도 지난 19세기까지와 금세기를 비교할 경우, 인류의 생활 양식을 바꾸어 놓았다는 관점에서 보면 금세기의 불과 70여년 사이에 이룩한 발명, 발견이 그 이전의 1900년간의 그것보다도 훨씬 큰 더 영향력을 가지고 있다고 해도 과언이 아니다.

달은 고사하고 금성(金星), 목성(木星), 화성(火星)에까지도 탐험에 나설 수 있는 우주 기술, 신변의 생필품을 천연자재에서 합성 재료로 바꾸어놓은 화학 기술, 소리보다도 빠르게 날으는 일을 가능케 한 항공 기술, 지구의 이면에서 일어난 일을 앉아서 보는 일을 가능케 한 일렉트로닉스의 기술……. 다 열거하자면 끝이 없을 만큼 발명, 발견이 즐비하게 있는 것이 현대이다.

물론 이 수없는 발명, 발견은 하루 아침에 이루어진 것은 아니다. 오랜 동안 쌓이고 쌓여온 선인들의 노력의 결정이기도 하다. 그러나 그 꽃이 일제히 개화(開化)하고 가속적으로 발전했다는 의미에서, 20세기는 다른 어느 세기와도 다르다.

그런데 이 발명, 발견의 세기 가운데 굳이 한 가지만, 가장

****

위대한 '발견'이 무엇이냐 묻는다면, 사람들은 무어라 대답할 것인가? 아마도 많은 사람들은 한동안 생각하고 나서 몇 가지 과학적 발견의 예를 들 것이 틀림없을 것이다. 그러나 어떠한 대답도 틀렸다. 그들 개개의 발견은 확실히 나름대로는 위대했을지도 모른다. 그렇지만 20세기 최대의 발견이란 실은 그런 것이 아니다.

이것은 나의 사견이 아니고, 미국의 오즈븐이라는 학자가 말하고 있는 것이지만, 20세기 최대의 발견이란 '인간이라 하는 것은 마음가짐을 다르게 함에 따라서, 인생마저도 다르게 할 수 있다.'라는 법칙의 발견이라는 것이다. 다시 말해서 인간은 그 심적 태도에 따라서 인생을 아무렇게나 바꾸어놓을 수 있다는 것인데, 나도 이 학설에 찬성의 뜻을 표하고 싶은 사람 중의 하나이다.

사람은 마음가짐을 바꾸기에 따라서, 인생의 판도도 바꿀 수 있다──. 이 법칙은 한 사람의 인물이 발견한 것이 아니다. 프로이트의 잠재의식 이론, 이에 이어서 C. G. 융의 이론, 혹은 이들의 이론에 관련된 심리학 분야에서의 여러 가지 연구, 혹은 심신의학, 대뇌생리학, 행동과학 등등……. 아직도 여러 가지가 더 있겠지만, 이러한 학문 분야의 연구 성과가 마치 자석이 언제나 극북(極北)을 가리키듯이, 인간의 그 마음가짐, 다시 말해서 심적 태도에 의해서 크게 좌우되고 있다는 사실을 증명해 온 것이다.

어째서 심적 태도에 의하여 인생 그 자체까지 다르게 변할 수가 있겠는가 하는 것은 이제 다 알게 되었을 것이다. 인간에게는 잠재의식이라는 것이 있으며, 그 의식의 지배를 받고 있는 위대한 힘——잠재능력이 존재하기 때문이다.

세계에서 가장 미개한 땅은 어디?

"현재 세계에서 가장 미개한 땅은 어디일까? 사람들은 아프리카의 정글이라든가, 라틴 아메리카의 미개지의 일각이라고 말할 지도 모른다. 그러나 이것은 정답이 아니다. 더욱 더 미개한 땅은 당신의 주위에서 가장 가까운 곳에 있다. 그것은 당신의 모자 아래, 즉 바로 인간의 두뇌인 것이다."

오즈번이란 학자는 이렇게 말하기도 했다. 다시 말해서 우리 인간은 한 사람 한 사람이 무한한 가능성을 지닌 존재임에도 불구하고, 이것을 조금도 이용하려 하지 않는다. 또 그 일을 이해하려고도 하지 않는다. 우리들은 아마존의 정글을 미개한 땅이라 하며 멸시하지만, 자기의 모자 아래를 다시 한 번 살펴보는 것이 더욱 중요하지 않으냐 하는 말이다.

그러고 보면 현대인은 어쩐지 외적인 것과 물질적인 것에 눈길을 빼앗기고 있는 경향이 있다.

이렇게 지적하는 것은 오즈번에 그치는 것이 아니다. 노벨상을 수상한 적도 있는 생리학자 알렉시즈 카렐 박사는,

"우리 인간은 인간을 모른다. 우리들의 내부 세계는 망막한 미답(未踏)의 땅이다."

라고 말했고, 역사 학자로서 유명한 아놀드 토인비는,

"현대인은 아무것이나 다 알고 있다. 다만 자기에 대해서만 모르고 있을 따름이다."

라고 비꼬듯이 말하고 있다.

그러나 과학적 측면에서 인간의 뇌조직 등에 관한 연구는 오늘날의 대뇌생리학, 행동과학 혹은 생명과학 등의 분야에서 차차로 밝혀지고 있는 것도 사실이다. 이제까지 인간의 내부에 숨겨져 있는 미지의 힘이라 하는 것은, 어느 쪽이냐 하면 신비의 분야에 속하고 있어서 종교라든가 특정한 학자의 연구 대상이 아니었으나, 지금은 다르다. 잠재능력을 포함해서 모든 각도에서 '인간'이라는 것의 연구가 행해지게 되었다. 그 과정에서 밝혀진 것이 심적 태도의 호용인 것이다.

여기에서 생각나는 것은 소크라테스의

'너 자신을 알라.'

라는 말이다.

'나는 누구냐? 어째서 이 세상에 태어나게 된 것일까?'

＊＊＊＊＊＊＊＊＊＊＊＊＊＊＊＊＊

하나의 인간으로서 이 지구에 존재하고 있는 자기라는 것을
심사숙고해보면, 우리들은 부모, 그리고 그 부모는? 하고
다시 거슬러 올라가다 보면 지구상의 인류의 조상인 호머
사피엔스(Homo Sapiens)의 태고로 이어지고, 다시 거슬러
올라가서 원생동물(原生動物), 끝에 가서는 그 소재에 해당
되는 원소(元素)에 까지 도달하게 되는 것이다. 이렇게 생각
하다가는 지구가 50억년의 과거에 생성한 우리 생명의 발생
과도 같은 지금의 우리들과 이어져 있음을 알게 된다.

그리고 우리들도 이 대우주를 구성하는 일원이라는 커다란
의식도 자각할 수 있는 것이다. 그런데 현대인은 왠지 이러한
일을 의외에도 잊고 있는 것이다.

결론적으로 말하자면, 인간은 자기의 생각대로 살 수 있는
것이다. 왜냐하면 인간에게는 잠재능력이 있기 때문이다. 그
런데도 불구하고 당신의 인생이 당신의 마음대로 되고 있지
않다면…… 그것은 당신의 마음가짐에 가장 큰 문제점이 있는
것이라고 해도 어쩔 수 없는 일이다.

****

제 2 장 요약

◉───── 인생은 자기의 생각대로 되지 않는다고 생각하고 있는 사람은, 스스
로가 생각대로 되지 않기를 바라고 있는 것과 같다.

◉───── 참된 힘──잠재능력이 발휘되는 것은 겉치레, 허영, 몸단장, 불안,
근심 등 일체의 자아의식을 제거했을 때, 즉 다시 말해서 티없는 마음
〔裸心〕이 되었을 때다.

◉───── 티없는 마음〔裸心〕으로 되면 용기도, 지혜도, 힘도, 솟아나는 것이다.

◉───── 티없는 마음〔裸心〕이 되기 위해서는, 먼저 자기의 본심이 어떤 것인
가를 잘 점검하지 않으면 안 된다.

◉───── 조하리에 의하면, 인간의 마음은 4개의 창문에 비유된다. 4개의 창
이란 '밝은 창', '감추어진 창', '맹목의 창', '어두운 창'이다.

• 밝은 창──
자기에게서나, 타인에게서나, 보일 수 있는 열려있는 창. 인간에게
있어야 할 천진난만한 모습.

• 감추어진 창──
본인은 알고 있지만 남에게는 보이지 않는 창. 밝은 창이 본색이라
한다면 이 창은 방침이다. 어른의 마음, 연기, 연출의 창. 사회
생활에는 필요불가결한 것이다.

• 맹목의 창──
당사자는 모르지만 남에게는 잘 보이는 창. 남이 본 평가.

****

- 어두운 창──

  소위 잠재의식이다. 본인도 남도 알지 못한다. 무의식의 세계, 거
  대한 파워를 숨기고 있다.

◉──── 심적 상태가 같은 인간끼리 모이게 된다. 언제나 실패만 거듭하는
사람에게는 실패한 사람만 모여든다. 언제나 불평불만을 늘어놓는
사람에게는 그런 사람이 모여든다. 이것을 끼리끼리의 법칙이라고
한다.

◉──── 바람직하지 못한 심적 상태일 때, 당신이 하지 않으면 안 될 일이 한
가지 있다. 당신의 주위에 모여드는 사람들을 바람직한 심리적 변화를
일으켜주는 사람으로 바꾸어버리는 것이다.

◉──── 인생에서 부딪치는 타입은 두 가지가 있다. 긍정적인 인생 타입과
부정적인 인생 타입이다.

◉──── 인생을 보다 훌륭하게 디자인하기 위해서는 지식이나, 재능이나, 노
력도 중요하지만 그보다도 더욱 소중한 것은 그 사람의 심적 태도이다.

◉──── 기쁘지 않아도 기쁜 척 행동한다. 피로해 있어도 활발한 척 행동한다.
슬퍼도 웃어 보인다. 이와 같이 '그럴듯 하게……' 행동하는 것은,
바람직한 심적 상태를 만들어내는 것이다.

◉──── 20세기 최대의 발견이란 무엇인가? 그것은 '인간이라는 것은, 마
음가짐을 바꾸기에 따라서 인생까지도 바꿀 수 있다.'는 법칙의 발
견이다.

****

조하리의 「4개의 창」

		자 기 에 게	
		알려진 마음	알려지지 않은 마음
남에게	알려진 마음	밝은 창	맹목의 창
	알려지지 않은 마음	감추어진 창	어두운 창

제 3 장
가능성에의 도전

1. 자동 성공 장치(Success Autopilot Program)

가능성의 추구

인간은 누구나 헤아릴 수 없을 만큼 커다란 가능성을 지니고 이 세상에 태어났다는 것을 알고 있어도, 가지고 있는 가능성을 샅샅이 추구하고 있는 사람은 의외로 적다. 자기의 능력 이하의 레벨로 만족하든가, 아니면 그렇지는 않을지라도 쉽사리 체념해버리는 경우가 많은 것이다.

"애초부터 능력이 없으니 할 수 없는 일이 아닌가?"

"학교를 다니지 않았으니 말야……. 학벌 위주의 사회에선 무리한 일이지 뭐……."

"아무리 열심히 뛰어봐도 잘 되리라는 확신이 없어. 요는 운명이 문제라니까, 언젠가는 찬스가 오겠지."

이런 식으로 말하는 사람이 있다. 그런데 이런 사람들이 정말로 현상에 만족하거나, 체념하거나, 냉정하게 운명의 때를 기다리고 있는가 하면 실은 그렇지 않고 내심으로는 본의 아닌 기분, 불평, 불만, 불쾌감으로 가득차 있는 것이다. 그러나 나는 이런 사람을 무슨 일에 정면으로 도전(challenge)하려는 용기가 없다든가, 주체할 수 없는 나태한 정신의 소유자라고 비난하고 싶지는 않다.

다소 낮다고 해서 인간의 생각에 커다란 차이가 있는 것도 아니고, 오히려 현실을 정확하게 분석하는 정신을 가지고 있는 것은 이런 사람들일지도 모르기 때문이다.

또, 인간에게는 각기 다른 생활 방법이 있는 것이다. 성공만 추구하는 것이 인간의 생활 방법만은 아니고, 소욕지족(少欲知足)이니 해서 평화와 안녕의 경지도 있을 법한 일일 것이다. 개중에는 비극의 히로인처럼 계속 슬픔에 빠져 몸서리치는 느낌으로 지내는 사람인들 왜 없겠는가. 일반적인 사람들에게 있어서는 고통스럽기만 한 일에 흐뭇한 쾌감을 느끼는 사람도 있기 때문이다…….

다만 인간에게는 무한한 가능성을 지니고 있는 잠재능력이라는 것이 있는데도, 이것을 이끌어내어 적용하려 하지 않는 것은 애석하고 원통한 일이라고 생각할 뿐이다.

이를테면 인간의 뇌세포, 그 숫자는 앞에서도 말했지만 약 120억 개에서 200억 개 정도가 있다고 한다. 어떠한 사람이라도 이토록 방대한 수의 뇌세포를 가지고 있다. 그러면서도 실제로 사용하고 있는 것은 어느 정도냐 하면 여기에는 여러 가지 학설이 있으나, 대개 3,4% 정도일 것이라고 한다. 사물을 생각하는 것이 직업인 철학자, 이를테면 칸트 같은 사람은 보통 사람들보다는 많이 사용하고 있었겠지만, 그래도

****

10%를 넘는 일은 없을 것이다.

이것은 뇌의 기능에서 보아도 풀로 활용하는 일이란 여간 무리한 이야기가 아니며, 그렇다고 자기가 가지고 있는 능력을 풀로 발휘했다고 말할 수 있는 사람은 별로 없을 것이다. 이것이 내 능력의 한계이다, 하고 똑똑하게 납득할 수 있을 만큼 이끌어낸 사람은 없을 것이다. 그것은 누구에게나 아직도 능력을 발휘할 수 있는 가능성을 가지고 있다는 말이다. 그 가능성을 추구하는 것, 그것이 인생이라고 생각하는데 어떨는지 ....

한계에 도전하면 능력을 높일 수 있다

'나의 능력은 이 정도이다.' 하고 생각하는 사람이 있으나, 이러한 사고 방식은 잘못된 것이다. 그 이유는 이미 알고 있을 것으로 생각한다. 그렇게 생각하는 것은 당신의 현재의식이기 때문이다. 빙산의 일각으로 자기의 모든 것을 아는 척하고 있을 뿐, 잠재의식의 작용을 까마득하게 잊어버리고 있는 것이다.

스포츠나 그밖의 기예(技藝)에 있어서도 재주가 뛰어난 사람은 예외없이 하드 트레이닝(hard training)의 경험을 쌓고 있는 것이다. 프로 야구 선수도, 복싱의 무하마드 알리도 타고난 재능에다 자기의 가능성을 최대한 추구함으로써 오늘의 영광된 자리를 차지하게 되었지만 이것을 단순히 노력의 결과라고만 보느냐, 자기에의 도전이라고 보느냐에 따라서 배우는 것이 많이 달라지는 수가 있다. 일반적으로 하드 트레이닝은 노력으로 해석되지만 그 노력하고 있는 당사자로서는 대개의 경우 자기에의 도전, 가능성의 추구인 것이다.

자기로서는 할 수 없을지도 모르는 일에 도전한다. 그리고 해낸다. 다음에는 더 한층 수준을 올려 다시 도전해서 성취한다. 이 결과의 반복이 천재로 밖에는 생각할 수 없을 만큼의 위업을 이룩하게 하는 것이다.

"내 사전에 불가능이란 글자는 없다."

고 나폴레옹은 말했지만 실제 이 세상에는 불가능한 일이란 없다고 해도 과언은 아니다. '불가능하다'라고 생각한 순간부터, 그 사람에게 있어서 그것은 불가능하게 되어버리고 마는 것이다.

태고의 사람들이 본다면, 현대는 실로 신(神)이나, 악마의 세상일 것이다. 태고 시대에 만약 현대를 예고한 사람이 있었다면, 99.9%의 사람이 '불가능하다'고 말했을 것이 틀림없다. 이것은 현대의 우리들이 무지한 소치라고 웃어버릴 수만은 없는 것이다. 우리들도 미래에 대해서, 혹은 자기의 가능성에 대해서 태고의 사람들과 같을 만큼 무식할 지도 모르기 때문이다.

자기 능력의 범위 안에 머물러 있어서는 진보가 없다. 자기로서는 일견 불가능하게 생각되는 일을 목표로 삼아서 여기에 도전하는 것이야말로 잠재능력을 활용하기 위해서도 필요한 일이다.

본래부터 인간은 욕구(欲求)의 동물이다. '저것도 탐난다.' '이것도 갖고 싶다.' '저렇게 되어 봤으면…….' '이렇게 되어야지.' 하고 그 욕망은 한이 없는 것이다. 그런데 몇 번쯤 욕망에의 도전에 실패하고 나면 '아무래도 안 되겠다.'고 마음 속으로 정해 버리고 그 욕구의 창을 닫아버린다. 이렇게 되어버리면, 잠재능력은 영원히 플러스의 방향으로는 움직이지 않는다. 근육도 단련하면 강해지지만 전혀 사용하지 않으면 최소 한도의 기능 이외에는 하지 못한다. 잠재능력도 이것과 마찬가지이다.

항상 욕심을 마음 속에 간직하고 끊임없이 '저렇게 되어 봤으면' '이렇게 하고 싶다.'고 생각한다. 그것도 자기의 기능 (현재 의식으로 가능하다 생각되는 능력) 이상의 것에 도전하는 마음가짐으로 자신의 욕구에 스스로 불을 당기는 것이 바람 직하다.

****

절실하게 소망하면 반드시 실현된다

인간은 한 개의 정밀한 자동 성공 장치(Success Autopilot Program)이다. 그 성공은 잠재의식과 거기에서 이끌려나온 잠재능력에 의해서 보증되고 있다. 따라서 비록 아무리 불가능하게 보이는 일에 도전해도 상관 없다. 오히려 도전해볼 만한 일이다.

세상에는 무슨 일을 하거나, 잘 되는 사람이 있는 반면에, 아무리 노력해도 언제나 실패하고 마는 사람이 있다. 이 두 사람을 비교해 본다면, 재능이나 자질, 방법론에 특별한 차이가 있다고는 생각되지 않는다. 그런데 어찌하여 한 사람은 성공하고, 또 다른 한 사람은 실패했는가? 이것은 잠재능력 활용의 차이인 것이다.

잠재능력을 활용할 때 꼭 알아두지 않으면 안 될 일, 그것은 '절실하게 소망하면 반드시 실현된다'는 것이다. 이런 말을 하면 '정말인가?' 하고 무릎을 세우는 사람이 있을지도 모른다. 그러나 이것은 '진실'이다. 이것을 증명할 수 있는 사례는 얼마든지 있다.

미국의 자동차 왕 헨리 포드가 회사를 창립하고 얼마 안됐을 무렵 '욕심이 난다'라고 절실하게 생각하고 있었더니 이상하게도 그것이 손에 들어와 그것을 계기로 삼아 당대에

1. 자동 성공 장치(Success Autopilot Program) 119

거부의 자리에 오르게 된 것은 유명한 이야기이다. 본인 자신은 '어째서 그렇게 되는지 이상하기만 했었다.'라고 고개를 갸우뚱했지만, 이 세상에 성공한 인물, 위업을 성취한 인물에게는 이런 종류의 에피소드가 많다.

사람들은 이러한 케이스를 우연이라든가, 운이 좋았다든가, 아니면 재수가 있었다고 평가하기 쉽지만 결코 우연한 일이라고는 말할 수 없다. 절실하게 소망한 일이 결과적으로 나타난 것에 지나지 않는다. 마작(麻雀)에서도 어느 빠이를 '절대적으로 갖고 싶다!'고 상념하면, 그 빠이가 오는 경우가 있다. 이것도 운이나, 재수라고 떠밀 문제가 못 된다.

앞에서도 인용한 《정법안장수문기(正法眼藏隨聞記)》에 씌어 있는 말이다.

"…… 염원(念願)이 극도로 절실할 경우에는 그 목적이 성취되지 않는 일은 절대로 없다."

목프를 설정하는 일의 중요성

인간은 도달해야 할 목표, 그 목표를 설정하지 않고서는 여간해서 행동하지 못한다. 행동이 없고서는 결코 성공도 없다. 따라서 목표를 설정하는 일은 성공을 향한 첫걸음이다.

목표의 명확화야말로 에너지가 솟아나는 원천이 되는 것이다.

목표에는 강한 힘이 있어서 마음 속에 그린 그림을 실현할 만큼 엄청난 파워가 있다. 그 필요에 응할 만큼의 지력(知力)과 창조적 열의가 내재하는 힘이 되어 부글부글 끓어 오른다. 그리고 그 힘은 목표를 향해 정확하게 유도하는 오토파일로트(Autopilot)인 것이다.

그런데 세상에는 마치 목표를 갖지 않고 살고 있는 듯한 사람이 있다. 본의 아닌 마음으로 회사에 다니며, 월급이 적다고 투덜거리며, 제대로 일을 하려 하지도 않는다. 그날 그날 어쩔 수 없어 출근하고 월급 날이면 월급 봉투를 들고 돌아온다. 별다른 취미도 없어서 휴일이면 온종일 텔레비전이나 보고, 어쩌다가 술을 마시거나, 놀음판을 기웃거리지만 별로 그런 일엔 영향이 미치지도 않는다.

이런 남자를 꼭 남편으로 갖고 싶다는 여성은 없겠지만 이에 가까운 일상 생활을 보내고 있는 사람은 결코 적지 않다. 나는 이런 생활 방식을 비판할 뜻은 추호도 없으나(본인이 만족한다면…….) 이 세상에 태어났다는 것이 아깝다는 생각이 든다.

이런 타입의 사람에게 결여된 점은 무엇인가? 그것은 목적 의식이다. 자기가 어떻게 하고 싶은 것인지, 무엇을 바라는 것인지 모르고 있거나 알려고 하지 않는 사람들인 것이다. 앞에서도 말한 바와 같이 잠재의식이 잘 가동하는 상태로

****

가져가기 위해서는 선명한 이미지가 필요하다. 이미지란 말하자면 도달해야 할 목표다. 이것이 없는 상태로는 아무 일도 할 수 없다. 인간은 내버려두면 누구든 쓸모없는 인간이 되는 경향을 가지고 있다. 인간의 감정은 95%가 소극적인 면에 기울어지고 있으며 적극적인 일에는 반 밖에 기울어지지 않는다고 한다. 그러기 때문에 성공한 사람보다 실패하는 쪽이 많은 것이다.

그런 만큼 의식적으로 목표를 설정하고 소극성을 적극성으로 뜯어 고칠 필요가 있는 것이다. 95대 5의 확률 속에서 적극적인 인간은 성공의 5의 방향으로 확실히 전진한다. 그런데 소극적인 인간은 역설적으로 말하자면 아무런 목표를 설정하지 않은 상태가 그대로 일상 생활에 실현되고 있다고 말할 수 있다.

절실하게 소망하는 것은 반드시 실현된다는 법칙이 있음에도 불구하고, 아무것도 바라지 않고 목표를 설정하지 않는 인생, 이런 멋없는 인생은 없을 것이다. 활을 쏠 때 사람은 누구나 목표를 겨누고 쏜다. 과녁이나 사냥 거리도 없는데 그저 막연하게 활을 쏘기로 한다면 이토록 어려운 일은 없다. 아무것도 바라지 않는 인생이란 실로 이것과 같은 것이다.

러시아의 저명한 작가인 도스토예프스키는 이렇게 말하고 있다.

****

"신을 믿기 위해서는 신이 되지 않으면 안 된다. 성공을 바라거든 목적을 결정하지 않으면 안 된다."

당신 자신을 위해 잠재능력을 살리려면 인생의 목표를 설정하는 일이 필요불가결한 조건이다.

자동 성공 장치로서의 인간

그런데 당신이 명확한 목표를 세우고, 그것을 항상 염두에 두고서 그 실현을 믿어, 어떤 행동을 반복하는 일을 하기 시작했다고 하자.

이러한 상태가 되면 당신의 잠재의식은 그 목표를 향해 움직이기 시작한다. 그리고 이윽고 당신이 바라는 대로 일이 실현되게 되는 것인데 '그렇게 마음 먹은 대로 되겠나.' 하고 의문을 품는 경향도 있으리라고 생각되므로 이 점에 관해서 다시 한 번 자세하게 말해 보겠다.

잠재의식에 명확한 목표가 인푸트(in put)되면 인간이 갖고 있는 위대한 능력은 본인도 모르는 곳에서 활동하기 시작한다.

그 활동은 이를테면 이렇다.

법률가가 되려고 지망한 청년이 있다고 하자. 가령 A라는 청년이라 해두자. A는 어느 때 '나는 법률을 공부해서 판사가 되겠다'고 결심했다. 이것은 뚜렷한 목표이다. 그는 이 결심을 몇 번이나, 머릿속에 반복하는 사이에, 일상 생활이 자연히 달라진다. 매일 바둑으로 소일하던 것이 어느 사이에 독서가가 되었다. 물론 법률에 관한 공부도 게을리하지 않았다. 신문에 게재된 사회면의 기사도 읽는 방법이 달라졌다. 이전에는 살인 사건이나 유괴 사건에 관한 기사를 보게 되면 '지독한 놈도 다 있군.' 하는 정도의 감상 밖에는 갖지 않았던 A였으나, 최근에는 '범인의 범죄는 무엇에 해당하는가?' '이런 케이스는 정상 참작의 여지가 있으니까 집행유예로 되겠지.' 하는 식이다. 그러는 사이에 스크랩을 시작해서 자기의 감상이나 견해를 쓰게 된다.

A의 이러한 변화는 특히 강조된 것이 아니고, 또 그 자신 새삼스레 의식적이며, 의지적으로 행동하고 있는 것도 아니다. 지극히 자연스럽게 그렇게 된다. 이것은 법률가가 되려는 목적을 향해 잠재능력이 작용하고 있음에 지나지 않는 것이다. 그러기 때문에 A에게는 고통스러운 일은 아니다.

자기의 인생에 적극적인 목표가 설정되고 나면, 인간은 반드시 그 목표에 도달하려는 방향으로 행동하는 것이다. 더구나 목표에 도달하는 과정에서 생긴 장해는 극복하려 하고, 잘못된 일은 수정해 나간다. 이를테면 A의 가정이 갑자기 경제적으로 곤궁해져서 학업을 계속하기 어려워지면 그는 아르바이트를 해서라도 대학엘 다닌다. 놀기를 좋아하는 친구와 사귀다가는 공부에 방해가 된다고 생각되면 그런 친구와는 되도록 가까이하지 않게 될 것이다. 장해나, 착오는 애써 본인의 자각을 기다리지 않아도 A가 '법률가가 되고 싶다.'고 열심히 생각하고 있는 한 거의 자동적으로 쉽게 되는 것이다.

좀더 가까운 예를 들어보자. 평소에는 길을 걷고 있어도 거의 눈에 띄지 않았던 복덕방의 간판도, 일단 이사하기로 결심을 하고 나면, 갑자기 눈에 잘 뜨이게 된다. 그것도 집세가 얼마며, 목욕탕은 시설이 되어 있는지 하는 구체적인 내용까지 쉽사리 알아낼 줄 알게 된다.

스넥을 경영할 계획을 가지고 있는 사람은, 이제까지는 고객의 입장에서밖에 보지 않았었는데, 어느 스넥에 들어가서도 경영자적 감각으로 관찰하게 된다. 이와 같은 목표가 설정되면 모든 행동이 그 목표를 향해서 작동한다. 그것은 마치 자동 성공장치와 같이 인간의 행동을 성공으로 유도해가는 것이다.

이제까지의 설명으로 인간이 한 번 잠재능력의 힘을 빌리게 되면 자동적으로 목표 달성을 향해 행동을 시작한다는 일은 알았으리라 생각한다. 그러나 독자 중에는 이러한 의문이 생길지도 모르겠다.

"그러면 어째서 실패하는 것이냐?"

이 의문은 당연한 것이다. 세상에는 성공한 사람보다도 실패한 사람이 더 많다. 인간이 자동 성공장치라 한다면 어째서 이토록 실패하는 일이 많다는 말인가? 그 대답은 간단하다. 그것은 목표를 설정한 장본인이 스스로 목표를 변경했기 때문이다. 말하자면 자동 실패장치에 인푸트해버리는 것과 같은 것이다.

잠재능력이라 하는 것은 정직하기 때문에 어떤 목표가 명확하게 설정되었다면 그것을 달성하려고 작용하기 시작하는 것이다. 그런데 하루가 지나고, 반 년이 지나고, 1년이 지나게 되면, 그 사람의 내부에서 목표의 변경이 일어난다. 앞서의 A의 케이스로 말하자면 경제적으로 어렵게 되었을 때 학업을 단념해버리면 그것으로 끝장이다. 신문기자 쪽이 재미 있으리라고 생각될지도 모른다. 그렇게 되면 잠재능력이 이번에는 그 방향으로 움직이기 시작하고 만다.

한 번 목표를 정했다고 해서, 그 뒤에 그대로 방치해두어도 목표에 달성하게 된다는 것은 결코 아니다. 잠재능력이란 그만큼 친절한 것이 못된다. 목표를 정했으면 '자나 깨나 무슨 일이 일어나건 여러 가지 사정이 바뀐다 해도, 그에 상응해서 항상 시기를 엿보는 마음가짐으로 있지 않으면 하사가 되고 마는 것이다.' 그리고 많은 사람은 도중에서 목표를 저버리고 마는 것이다.

인간에게는 상승사고(上昇思考)라는 것이 있다. 보다 좋고, 보다 풍부하게, 보다 만족할 수 있는 상태로── 하고 욕망의 층계를 위로 위로 올라가려는 경향이다. 미국의 심리학자 A. H. 머슬로의 유명한 학설에 '욕구 계층설(欲求階層說)'이라는 것이 있다.

머슬로에 따르면, 인간의 욕구라는 것은 다섯 개로 크게 나눌 수 있는데, 그것은 저차 욕구(低次欲求)에서 고차 욕구(高次欲求)로, 마치 층계를 올라가듯이 높아지는 것이라 한다.

다섯 가지 욕구란 생리적 욕구, 안전의 욕구, 사회적 욕구, 자아의 욕구, 자기 실현의 욕구를 가리킨다.

첫째로 식욕, 성욕이란 생리적인 욕구가 있다. 이것이 충족되고서야 비로소 불안, 공포 등 위험을 피하려는 안전의 욕구가 생기고, 다음으로 집단 속에서 보다 잘 살고 싶다는 사회적 욕구가 일어난다. 이들의 욕구가 충족되면 이것을 토대로 하여 그 다음에 오는 것이 자아의 욕구로서, 이것은 그 사회, 집단 속에서 다른 사람으로부터 인정받고 싶다, 존경받고 싶다는 욕구, 그리고 최종적으로 보람을 찾고 자기의 역량을 최고의 한계까지 발휘하려는 고차원적 소망인 자기 실현의 욕구가 있다. 이것이 바로 머슬로의 욕구 계층설의 개략인 것이다.

인간 본래의 모습이라고 하는 것은 이토록 욕심스러워서

****

한도 끝도 없는 것이다. 50년이나, 100년의 인생으로는 충족
시키지 못할지도 모를 만큼 큰 욕망이다. 지금 만약, 당신이
무엇인가에 도전하는 자세를 취하지 않았다면 저차 욕구 단
계에서 일생을 마치게 될 것이다. 그야말로 삶의 보람이 없
다는 말이다. 인간에게는 욕구와 그것을 충족시켜주는 메카
니즘(자동 성공장치)이 있다. 이것을 믿고 한 발짝 한 발짝씩
이라도 좋으니 보다 높은 목표, 보다 어려운 일에 도전해 보기
바란다. 인생의 참다운 충족감이란 바로 그러한 과정에서 생
기는 것이 아닐까?

2. 상상력과 창조력

인류는 어떻게 달에 도달할 수 있었는가?

"얘야, 저 달에는 말이다, 계수나무 아래서 토끼가 방아를 찧고 있는데, 은절구와 금절구로 방아를 찧는단다."

"자, 저 달을 보렴. 우릴 보고 웃고 있지 않으냐?"

어린 시절, 뜰에서 밝은 달을 바라보며 할머니에게서 이런 이야기를 듣던 기억이 아직도 새로울 것이다.

그렇게 생각하면서 저 달을 바라보노라면, 정말로 토끼가 노닐고, 달이 방긋이 웃는 것으로 보이니 참으로 이상한 일이다.

오늘날 달에 토끼가 살고 있다고는 초등학교의 어린이도 믿지 않는다. 더구나 인간이 실제로 달에 착륙해서 조사하고 왔으니, 이것을 믿으라는 것은 무리한 말일 것이다.

현대의 과학 기술은 달에 로케트를 도착시켰고, 다시 화성, 또는 금성으로 로케트를 날릴 수도 있게 되었다. 그 진보, 발전은 보통 사람의 감각으로는 그저 놀랄 수 밖에 없는 일이지만 전문가가 말하자면 극히 당연한 일인 것이다.

그런데 인류가 달에 도달할 수 있었던 것은 어째서인가?

****

하고 묻는다면 사람들은 무엇이라 대답하겠는가? 어쩌면 달에 갈 것을 계획하고, 그에 상당한 기술을 개발하여 실험을 반복하고 비로소 성공했다. 다시 말해서 과학 기술, 인류의 영지(英知)의 승리라고 말하는 것으로 끝이는 것이 아닐까?

이 해답이 결코 틀렸다는 것은 아니지만, 나는 무엇보다도 인간의 상상력의 승리이라고 말하고 싶다. 첫째로 달에 가는 이미지가 상상력으로 누군가의 머릿속에 싹텄을 것이다. 그 이미지가 점차 부풀고, 많은 사람의 머릿속에 그려지게 되었고, 끝내는 구체적인 계획으로 진보되어 마침내 성공했다고 생각하는 것이다. 또 우리들이 아무런 감개도 없이 사용하고 있는 문명의 이기도, 모든 사람의 마음 속에서 묘사된 것이 구현되는 것에 지나지 않은 것이다.

우리들이 상상한다고 하면 무엇인가 멋대로 머릿속에 그린 것으로 생각해서 가볍게 취급하기 쉽다. 그런데 이 상상력이야말로 이 세상의 모든 것이며 사건의 근원인 것이다.

'모든 것은 이미지에서 태어났다.'라고 말해도 좋을 만큼 상상력은 강한 파워를 가지고 있다.

인간이 무슨 행동을 시작할 때, 그 행동에 의해서 가져다 주는 결과를 미리 상상하고 있는 것이다. 이를테면 바다에 나가 수영을 하려고 행동하기 시작할 때의 심리 상태, 맑게 개인 푸른 하늘, 끝없이 펼쳐지는 수평선, 하얀 모래밭에 내리

쪼이는 뜨거운 햇살, 거기에서 수영을 하는 자기 자신……. 이러한 이미지를 마음 속에 그리게 된다. 그리고 그것이 바람직하다고 느껴졌을 때 '좋다! 바다로 가자.' 하고 행동에 옮기는 것이다.

상상의 내용은 사람에 따라서 차이가 있겠지만, 상상도 하지 않고서는 참된 행동이 있을 수 없다 해도 좋을 것이다. 그만큼 인간의 정신 생활에 있어서 상상이 차지하는 역할은 큰 것이다.

훌륭한 상상력은 잠재능력을 이끌어낸다

이미지네이션(imagination), 다시 말해서 상상이라 하는 것이 어째서 그토록 중요한가 하면, 그것은 셀프 이미지(self-image), 즉 자기상(自己像)과 관계가 있기 때문이다.

당신 자신이 묘사하고 있는 셀프 이미지, 다시 말해서 자기상이라는 것은, 당신의 상상에 따라서 형성되고 있다. 따라서 상상의 자잘못은 당신이 그리는 자기상의 좋고 나쁨에 달려 있다는 것을 알 수 있을 것이다.

이를테면 여기에 두 사람의 낙방생이 있다고 하자. 두 사람 모두 밤낮으로 수험 공부에 몰두하고 있었는데, A군은 잠시

쉬는 동안 이런 상상을 하고 있었다. 희망하는 학교에 합격하고 희망하는 직장에 취직하여 활발하게 뛰어다니는 자기를 은밀히 사모하던 여성과 무난히 결혼해서 행복한 가정을 꾸려나가는 자기, 그 정도의 일이라면 할 수 있다고 자신을 가지고 있는 자기……. A군의 상상은 이런 것이었다.

B군, 그는 A군과는 반대되는 상상을 하고 있었다. 몇 번 시험을 치러도 미끄러지는 자기, 결국 대학에는 가지 못하고 변변한 회사에도 취직하지 못하는 자기, 부모나 형제들의 눈초리가 싸늘하다고 생각하는 자기. B군의 머릿속에는 언제나 이런 상상으로 가득차 있었다.

이 두 사람을 비교할 때 어느 쪽이 더 바람직한가는 더 말할 필요도 없을 것이다. A군과 B군의 상상의 차이는 결국 성공하는 자기상과 실패하는 자기상에 이어가게 된다. 그리고 '나는 무슨 일이고 할 수 있다.'고 언제나 자신에 넘쳐 매일매일을 지내는 것과 '나는 쓸모없는 녀석이야' 하고 불안과 열등감에 사로잡혀 번민 속에 지내고 있는 것은 잠재의식에 주는 영향이 180도 다르다.

A군의 경우는 항상 플러스 방향으로 작용하지만, B군의 경우는 쓸모없는 남자가 되는 수밖에 없도록 작용히는 데다가 잠재능력은 판단력이 없으니까, 당사자가 인푸트한 방향에 따라서 무슨 일인가를 이룩해 버린다.

****

상상한 것이 훌륭하게 된다는 것은 이와.같이 '보다 나은 자기상의 확립'에 통한다. 그러기 때문에 상상이라 하는 것을, 단순히 머릿속에 그리기만 하면 되는 것이 아니냐 하고 함부로 다루거나, 혹은 경솔하게 다루어서는 절대 안 된다.

사람은 누구나 사물을 생각할 때 마음 속으로 그림〔映像〕을 그린다. 그것이 때로는 말로 바꾸어지기도 하지만 전체적인 감각으로서 영상화하고 있는 것이다. 그 증거로 문자나 활자를 통해서 꿈을 꾸는 사람은 없다.

나폴레옹은 '인류는 상상력으로 지배되고 있다.' 라고 하였다. 아인슈타인은 '상상력은 지식보다도 중요하다.' 라고 말했다. 그만큼 상상력은 중요한 것이다. 이를테면 자동차가 탐난다고 생각하는 사람은 자동차를 타고 있는 자기, 요트를 사고 싶은 사람은 망망한 바다를 항해하고 있는 자기, 아니면 성공하여 사람들에게서 칭찬을 듣고 있는 자기를 상상한다. 인간의 소망, 욕구는 이러한 영상화에 의해서 그 사람의 마음 속에 자리잡게 된다.

그것은 사진의 네거티브(negative)와 같은 것이다. 상상에 따라서 이미지화된 영상을 인화한 것이 현실이다. 사진의 경우, 만약 네거티브를 벗어나거나, 혹은 바람직하지 못한 것이 박혀 있으면, 아무리 기술적인 연구를 하더라도 선명한 영상은 얻어지지 않는 것이다. 상상과 현실의 관계도 이것과 마찬가

****

지인 것이다.

창조로 이어지는 상상력

인간이라는 동물에게만 있는 창조라는 행위는 이제까지 이야기해온 상상력이라는 것과 밀접한 연관성을 가지고 있다. 양자의 관계는 '상상 없이는 창조가 없다.'라고 할 만큼 밀접한 관계가 있다.

한 예를 들어보자. 《인간 희극》 등의 작품으로 유명한 19세기 프랑스의 작가 바르자크, 그는 51세로 세상을 마칠 때까지 방대한 분량의 소설을 썼는데, 이 초인간적이라고도 할 수 있는 집필력(執筆力)의 비밀은 남보다 갑절이나 강한 상상력이 있었기에 가능했던 것이다. 그는 서재에 그림이 없는 액자를 걸어놓고, 그것만으로도 충분히 그림을 즐길 수가 있었다.

거기에 '들라크루아나 루벤스의 걸작이 있는 것이다.' 하고 상상하면 하얀 벽은 금새 색채가 풍부한 대화가의 명화로 바뀌어버리는 것이다. 상상력이라 하는 것이 어떻게 창조에 관련되어 있는가의 좋은 예라고 할 수 있다.

그러나 생각해 보면 이것은 당연한 일이다. 잠재능력을 발

휘하기 위해서는 무엇보다도 먼저 하지 않으면 안 되는 일이
있다. 그것은 거듭 말한 바와 같이 마음 속에 그림을 그리는
일이다. 마음 속에 그린 그림은 잠재능력으로 되어서 실현의
방향으로 걷기 시작하는 것이니까, 모든 것은 마음의 그림,
다시 말해서 이미지에 출발점이 있다. 달에 도착할 수 있었던
것도, 사람들이 그 일을 마음에 그렸기 때문이라고 말했으나,
인류의 문명, 문화는 모두 이미지→행동→창조의 패턴으로
옮겨진 것이다.

홀륭하게 상상할 수 있으면, 그것은 좋은 창조력에 결부된
다. 비근한 예를 들어보면, 홀륭한 집에 살고, 아내와 자식들에
둘러싸여 즐겁게 살아가는 자기자신을 상상함으로써 그것은
현실의 모습으로 나타나 주는 것이다. 불평, 불만이나 불쾌한
일로 언제나 머리가 가득 차 있으면 그와 같은 인생 밖에는
찾아오지 않는다. 창조란 특별히 발명, 발견이나, 도구를 만
들어내는 일만은 아니다.

인생 그 자체의 디자인, 바람직한 당신의 미래상을 이미지로
부각해 나가는 것은 그대로 당신의 인생 계획을 창조해 나가는
것이다. 이 세상을 성공한 사람, 극히 크리티브(creative)한
작업에 종사하고 있는 인물은, 어떠한 사람이라도 '꿈을 꾸는
듯한 자기'라는 부분을 가지고 있다.

이런 사람들은 그것을 쓸데없이 사람들 앞에서 드러내거나

하지 않으니까, 기능주의적 외골수의 현실주의자, 또는 솜씨가 좋은 기능 소유자, 혹은 합리주의자 등으로 평가받기 쉬우나, 실제로는 그렇지 않은 것이다. 잠재능력의 기능을 믿는다면, 먼저 상상 훈련부터 시작하지 않으면 안 된다. 사람들로부터 '꿈같은 소리를 하는 녀석'이라는 말을 듣기 시작했을 때, 당신은 진실로 창조적인 인간이 될 수 있는 자격을 얻을 수 있는 것이다.

상상력을 저해하는 것

바람직한 자기상, 혹은 바람직한 미래의 자기 모습을 묘사해보려고 해도, 이것을 저해하고 헛되게 하는 것이 눈앞에 차례로 나타난다면, 모처럼의 노력도 살려낼 수가 없다. 사람에 따라서 성격이나, 기질의 차이는 있겠지만, 누구나가 다 감정을 가지고 있으며, 이 감정이 상상에 미치는 영향은 크다. 특히 젊은 사람이나 여성일 경우, 비교적 순진하게 자기의 목표를 향해서 상상력을 작용하게 하고, 실행에 옮기지만, 의외의 사건이나 환경의 변화에 봉착하게 되면, 당장 실의에 빠져서 바라는 일과 반대되는 상상으로 치닫게 된다. 그리고 현실에서 실패나 후퇴가 일어나면, '역시 생각한 대로군.'

하고 말한다. 모처럼 좋은 상상으로 시작했으면서도 너무나 간단하게 나쁜 상상으로 옮겨 버리는 것이다.

아무리 상상이 창조를 낳는다고는 하지만 감나무 밑에서 연시를 기다리는 격이 되지는 않을 것이므로 일진일퇴의 상태에 있는 것이다. 역시 일정한 시간 동안 기다리는 노력도 필요한 것이다. 그런데 이 기다리는 노력을 가로막는 것, 이것이 감정인 것이다. 그래서 감정의 콘트롤이라 하는 문제가 대두된다. 무엇을 상상할 때 바람직한 부분은 선택하고 바람직하지 못한 부분은 제거하는 감정의 지배가 문제가 되기 때문이다.

일반적으로 감정이란 이성(理性)과 달라서 다루기 어려운 것으로 생각되고 있다. '저 사람은 곧 감정적으로 되기 쉬워서 곤란해.'라는 말로도 이것이 잘 표현되고 있다. 확실히 감정이란 좋게도 나쁘게도 취급하기 어렵다.

특히 정동(情動)이라 말하는 쾌(快), 불쾌(不快), 노여움(怒), 두려움(恐)……. 이것들은 인간의 이성적(理性的) 부분에서는 다루기 어려운 것이다.

그러나 이러한 감정은 자기 자신도 어쩔 수 없는 것이냐 하면 결코 그런 것은 아니다. 감정을 스스로 억제하고 바람직한 방향으로 이끌어가는 것은 가능한 일인 것이다.

감정의 콘트롤법에는 두 가지 측면에서 어프로치(aproach)할 수 있다. 하나는 말, 다른 하나는 환경이다. 언어적인 측면에서 감정을 콘트롤하는 최대의 포인트는 '언짢는 말에는 귀를 기울이지 말자.'라는 것이다. 왜그러냐 하면 언어가 갖는 위력은 극히 크기 때문이다. 우리들은 평소 언어라는 것을 무심코 사용하고 있지만, 입은 재앙의 근원이라는 말과 같이, 때로는 절대적이라고도 할 수 있는 영향력을 가지고 있다.

언어란 비참한 상황 속에 빠져서 살아갈 희망을 잃은 사람을 되살릴 수도 있으며, 활기에 가득차 있는 사람을 의기소침하게도 할 수 있는 것이다. 인생을 좌우할 만큼의 힘을 언어는 가지고 있는 것이다.

그러므로 감정을 바람직한 상태로 가져가는 언어의 구사법 ―― 그것은 밝고 긍정적인 말을 쓰도록 조심하는 일이다. 일반적으로 소극적인 말만 골라서 쓰고 있으면, 인간의 기분은 소극적으로 되기 쉬우며, 반대로 적극적인 말을 쓰고 있으면 적극적인 방법으로 살 수 있게 된다. 암흑, 불행, 죽음, 고민, 고통, 고뇌, 실패, 절망…… . 이런 말을 염불처럼 외고 있으면 누구든지 마음이 답답해진다. 반대로 꿈, 희망, 이상, 환희, 태양, 봄, 탄생…… 등, 이러한 밝은 단어를 쓰고 있으면, 어쩐지 즐거운 기분이 들어서 쾌활해진다.

성공한 사람이나 활발하게 인생을 살고 있는 사람을 잘 관찰해 보면, 언어의 선택을 분명하게 구분하고 있음을 알 수 있다. 소극적인 언어, 어두운 이미지의 말을 입 밖에 내는 일은 거의 찾아볼 수가 없다.

그런데 실패한 사람, 불행한 사람의 말을 듣고 있으면 혹시 실패한 것이 아닌가, 불행하게 된 것이 아닌가 하고 생각될 만큼 어둡고 음울한 소극적인 언어를 내뱉고 있다. '불평은 불행을 부르는 주문(呪文)'이라고 한다. 감정을 지배하기 위해서는 먼저 언어를 선택할 것, 이것이 중요한 것이다. 그리고 음울하고 어두운 말을 사용하는 사람과는 되도록이면 가까이 하지 않는 것이 좋을 것이다.

둘째로 환경 문제——환경이란 말할 것도 없이 외계의 상황으로서, 그것이 인간에게 미치는 영향도 무시할 수 없다. 가랑비가 부슬부슬 내리면 어쩐지 구슬퍼지고, 말끔히 개인 하늘을 쳐다보면 마음도 가벼워진다. 그러나 환경이라 하는 것은 당초부터 절대적인 존재로 되어 있어서 인간은 거기에서 영향을 받을 뿐이냐 하면 그것은 그렇지 않다. 이를테면 같은 산, 같은 바다를 보아도 사람에 따라서 각기 다른 느낌으로 받아들인다.

왜냐하면 동일한 환경이라 할지라도 받아들이는 사람의 마음가짐에 따라서 받는 영향도 달라진다고 할 수 있는 것이다. 자연환경과 같은 경우는 그다지 큰 차이가 없을지는 모르겠으나 사회 환경 혹은 개개의 주위의 환경 조건이라

한다면, 받아들이는 사람의 마음가짐의 비중이 크다고 생각
해도 좋을 것이다.

이를테면 지금 자기가 조그마한 집에서 살고 있다고 하자.
이것이 자기에게는 불유쾌한 일일지도 모른다.

그러나 조금이라도 살기 편한 상태로 그 방을 만들 수는
있다. 쾌적한 환경을 만드는 것은 본인에게 달려 있다. 이것을
환경 탓으로만 돌려서, 마이너스의 감정을 갖는다면 그 책임은
환경에 있는 것이 아니라 그 사람 자신의 자세에 있는 것이다.
결국 환경에 대해서는 그 사람의 '마음가짐'의 차이에 따라서
좋게도 나쁘게도 영향을 받는 것이다. 환경에 대해서는 자기가
바람직하다고 생각되는 것에 자진해서 참가해야 한다.

실패란 누구에게나 있는 것이며, 실수가 없는 사람은 없다.
문제는 한 번이나, 두 번쯤의 실패나, 과실로 쉽사리 인생을
체념하는 일이다. 지금의 마이너스를 어떻게 플러스로 전환
하느냐, 그 계기는 여러 가지가 있겠지만, 그렇게 하려는 의
지마저 잃어서는 안 된다고 생각한다.

그러나 비록 아무리 좋은 기회가 돌아왔다 하더라도, 그것을
꼭 잡고 요긴하게 활용하기 위해서는 앞만을 바라보는 자세가
필요하다. 이러한 자세가 상실되지 않는 한 가령 지금 실패를
해서 고통스러운 상황에 놓여 있다 하더라도 언젠가 좋은
기회는 반드시 찾아오는 것이다. 나는 전번에 어느 연수회에

참가해서 실로 강한 인상을 받았다. 그 연수는 미국의 한 회사가 주최했는데 우리 나라에 들어와 아직 3년밖에 되지 않은 회사였다. 더욱이 일본 말 트레닝을 개강해서 1년 남짓한데도 이미 500명 정도의 수료생을 배출하고 있다. 나도 직업상 이 연수에 참가하게 되었는데, 그 트레이닝 방법의 합리화와 교묘한 프로그램에 무척 감명을 받았다. 이 연수의 목적은 어디까지나 자기 자신을 발견하기 위한 훈련으로서 '휴먼 포텐셜 무브민트(human potential movement : 인간의 잠재능력 운동)'의 일환이며 지금 미국에서 화제가 되고 있는 트레이닝 시스템이다.

내가 감탄한 것은 수강자의 참가의식을 높이기 위해, 화기애애한 분위기에서 일종의 게임을 하거나 명상(瞑想)에 잠기거나, 대화를 나누거나 해서 심경발표(心境發表) 같은 것을 하는 일이다. 어느 사이에 깊은 인간 이해를 높이고 자기 발견을 자연스럽게 체득해 나가는 것이다.

이것은 인간 심리에 깊은 통찰력을 갖는 것이 아니고서는 도저히 할 수 없는 고등 기술이었다. 자세한 내용을 설명하고 싶지만 선전하는 기분이 들어 그만두기로 한다. 그러나 어찌 되었든 이제까지 우리 나라에서 행해진 이런 부류의 트레이닝에 비하면 무척 합리적이고 스마트한 데는 놀라지 않을 수 없었다. 또 이토록 잠재능력이라는 것의 중요성과 그 활용법을 교묘하게 인지(認知)하게 하는 프로그램은 일찌기 없었다고 생각한다. 내가 항상 주장해온 '심적 태도'의 문제도 여기에서는 대대적으로 취급되고 있어서 나는 옛 벗을 다시 만난 듯한 반가움과 친밀감을 느꼈던 것이다. 이 트레이닝 프로그램은 '라이프 스프링'이라 불러 새로운 인간능력 개발 트레이닝으로 미국에서 화제를 모으고 있다는 것이다.

특히 미국의 기업이나, 여러 집단에서 높은 평가를 받고 있다 하는데, 일본에서도 최근 눈길을 끄는 것이 아닌가 생각된다.

'참가만이 번영의 원천'이란 말이 있는데, 이것은 좋은 환경과 적극성을 기르는 데 도움이 된다.

그러한 자리에 자기의 몸을 두는 것이 필요하며, 성공한 사람을 접촉하면 성공한 사람의 영향을 받게 되는 것은 당연한 일이다. 따라서 앞서 언어의 사용법과 마찬가지로, 환경에 대해서도 긍정적으로 대처해야 하는 것은 바람직한 일이다.

자신(自信) · 확신과 상상

세상에는 자신을 갖고 있는 사람과 그렇지 않은 사람이 있다. 자신에 차있는 사람은 인생을 훌륭하게 헤엄쳐 나간다.

****

개중에는 아무런 근거도 실적도 없이 덮어놓고 자신만 있다는 허풍쟁이도 없다고는 말할 수 없으나, 전혀 자신이 없는 사람보다는 허풍쟁이라 할지라도 자신에 넘치는 쪽이 좋을 것이다. 왜냐하면 자신(自信)이란 상상의 장애가 되는 불안, 근심을 제거해주기 때문이다.

천재적인 프로 야구 선수라도, 슬럼프에 빠지게 되면, '이제는 한 개의 홈런도 날릴 수 없게 되는 것이 아닐까' 하는 불안에 쫓기게 된다고 한다. 이 에피소드는 어떠한 실력의 소유자라 할지라도 불안을 느끼며, 그와 싸우고 있다는 예로 쓰일 것 같지만, 나는 그와 반대로도 생각할 수 있으리라 생각한다.

다시 말해서 그 선수가 '이제는 홈런을 날리지 못할지라도 …….' 하고 생각할 때는 능력의 최소한, 거의 절대적인 자신에 가득차 있다고 받아들일 수도 있다.

물론 그 자신은 이제까지의 혁혁한 실적에 몇 번이나 직면하게 되었던 슬럼프를 극복해 나온 투쟁의 경험이 있고 나서야 있는 결과지만, 확고한 자신감을 갖지 않고서는 오랜 세월이 지나지 않고서는 그만한 결과를 거두지는 못하였을 것이다.

아무리 실력이 있는 사람이라 하더라도, 정상적인 신경을 가지고 있는 한 불안, 근심과 상관 없이 있을 수는 없는 일이다.

****

왜냐하면 불안, 근심이라는 정신 활동은 인간 고유의 것이기 때문이다. 인간 이외의 동물에게는 불안이나, 근심은 없지만 인간이기 때문에 불안, 근심을 갖지 않으면 안 되는 숙명을 짊어지고 태어난 것이다.

어째서 인간은 불안해하거나 근심을 해야 되는가? 이것을 대뇌생리학에서 본다면 본능, 정동(情動)의 자리인 대뇌변연계가 이성의 자리인 신피질(新皮質)의 억압을 받아 일그러진 것에 그 원인이 있다. 그러기 때문에 불안, 근심에 대처하기 위해서는 이성적으로 사물에 임하지 않으면 안 된다.

일반적으로는 불안이나 걱정 거리가 있으면 '기분을 얼버무리라'고 권하는 사람이 많다. 술을 마시거나, 노름을 한다거나 하는 것들은 그 좋은 예라고 하겠으나, 어찌 되었든 기분전환을 하는 것이다. 분명히 기분전환에는 그 나름의 효과가 있지만 진짜 불안, 걱정에 대한 대처법이란 그 불안이나 근심과 정면으로 맞서서 자아상(自我像)의 발견을 위해 철저하게 자기를 분석해 볼 일이다.

기분을 얼버무리는 정도로 해소할 수 있는 불안이나 근심이라면, 그것은 그것으로 다행스런 일이겠지만 현실에서 해결하지 않으면 안 될 불안이나 걱정거리, 이것은 그 원인이 되는 요소를 발본색원하는 일 외에는 달리 해결할 방법이 없을 것이다. 결코 그것을 도피하려 해서는 안 되는 것이다.

사실은 사실대로 인정하여 거기에서 눈길을 피하지 않고 문제 해결에 노력해야 한다. 그래야 자기의 책임, 자기의 능력으로 불안, 근심에서 탈피할 수 있는 것이다. 본래 불안이나 근심은 미지(未知)를 향한 것이 원인이 되는 수가 많다.

'혼미에 빠지지 않는 마음이야말로 참된 마음인 것이다. 혼미란 무지에서 생겨나는 것이다.' 라고 불교에서는 가르치고 있다.

불안, 근심에 대한 대처법을 훌륭하게 하고 나면, 거기에 하나의 자신이 생긴다. 자신(自信)이란 일이 잘된 것에서 얻어질 뿐만 아니라, 곤경을 슬기롭게 타개함으로써 보다 많은 것이 얻어지는 것이다. 자신을 얻게 되면 그러한 체험은 자기의 상상을 보다 바람직한 것으로 만들어 나가는 일을 도와주게 될 것이다.

제 3 장 요약

◉──── 인간은 누구나 헤아릴 수 없을 만큼 무한한 가능성을 지니고 이 세상에
태어났으므로 그 가능성을 하나하나 추구해야 할 것이다.

◉──── 자기 자신이 생각하고 있는 능력의 한계란, 그 사람의 현재의식(顯
在意識)의 한계에 불과하다. 빙산의 일각 같은 판단으로 자기의 모든
것을 안 것으로 생각하는 사람은 잠재의식의 작용을 까마득하게 잊고
있는 것이다.

◉──── 자기 능력의 범위에 머물러 있어서는 진보하지 못한다. 자기에게는
일견 불가능하다고 생각되는 일을 향하여 이에 도전하는 일이야말로,
잠재능력을 활용하기 위해서도 필요 불가결한 것이다.

◉──── 인간이란 하나의 정밀한 자동 성공장치(自動成功裝置)이다. 그 성공
은 잠재의식과, 그에 의해서 이끌어내는 잠재능력에 의해서 보증되고
있다.

◉──── 잠재능력을 활용함에 있어서, 꼭 알아두지 않으면 안 될 일이란,
'절실하게 소망하는 일은 반드시 실현된다.'는 확신이다.

◉──── 인간은 목적을 갖지 않으면 좀처럼 행동하려 하지 않는다. 행동이
없으면 결코 성공도 없는 것이며, 따라서 목표를 설정하는 일은 성공의
첫걸음이 되는 것이다.

◉──── 잠재의식에 정확한 목표가 인푸트되면, 인간이 가지고 있는 위대한
능력은 본인도 모르는 곳에서 활동하기 시작한다.

****

◉──── 상상력이야말로 이 세상의 모든 사물이나, 사건의 원천이다. '모든 일은 상상력에서 생긴다'고 말해도 좋을 만큼 상상이라는 행위는 강한 파워를 가지고 있다.

◉──── 훌륭하게 상상할 수 있게 되면, 그것은 좋은 창조력과 결부된다.

◉──── 감정을 바람직한 상태로 가져가는 언어의 구사법, 그것은 밝고 긍정적인 언어를 구사하도록 조심하는 일이다.

◉──── 인간은 어째서 불안, 걱정을 가지게 되는가? 그것은 본능, 정동의 자리인 대뇌변연계가 이성의 자리인 신피질계로부터 억압받아 일그러지는 데에 그 원인이 있다. 따라서 불안, 걱정에 대처하기 위해서는 이성적으로 사물에 임하지 않으면 안 된다.

제 4 장
실패와 성공의 갈림길

****

1. 성공의 본질

성공한 사람이란?

사전에 따르면 '성공'이란 말은 다음과 같은 것을 가리키는 것 같다.

(1) 사업이나 일을 목표대로 해내는 것.
(2) 목표를 달성하는 것.
(3) 사회적인 지위를 획득하는 것.

'실패'라는 낱말도 찾아보았더니,

(1) 일의 목표와는 반대로 허사가 되는 것.
(2) 실추(失墜).
(3) 실수, 잘못되는 것.

등으로 나와 있다. 우리들은 평소에 이렇게 뻔한 의미의 낱말로 사전을 뒤적이는 일은 별로 하지 않는다. 그러나 '성공이니 실패니 하는 말'은 빈번하게 사용하고 있다.

'저 사람은 성공한 사람이다' 또는 '저 녀석은 또 실패했다는군.'하는 대화를 곧잘 나눈다. 더구나 실패한 케이스에

****

'또…….'라는 말이 따라다니는 예가 많다. 이것은 성공하는 사람은 적고 실패하는 사람은 많다는 것을 말해주고 있다.

그런데 성공한 사람이란, 대체 어떠한 사람을 가리키는 것일까. 사전에 충실하자면 '사업이나, 일을 목표대로 달성한 사람', '사회적인 지위를 획득한 사람'을 성공한 사람이라 하게 된다. 물론 '돈을 많이 번 사람'도 이 가운데에 들게 될 것이다.

다만 이러한 성공자상(成功者像)은 어디까지나 외부에서 관찰한 결과에 지나지 않는다. 사업이나 일이 목표대로 달성되면, 그것은 성공임에 틀림 없겠지만, 본인은 곧 다음 목표를 설정해서 그것에 도전하고, 자기 자신은 도전자인줄로만 알고 있다. 남이 보기에는 훌륭한 성공자로 비치고 있는데 '자기는 실패자다.'라고 생각하고 있을지 모른다.

어째서 이와 같은 견해차가 생기는 것일까? 그것은 항간의 평가와 자기의 평가가 다르기 때문이다. 자기는 학자가 되고 싶었는데 부모의 강요로 가업을 계승했던 바, 다행히도 잘 되어 재산을 아버지의 열 갑절이나 늘려놓았다. 이것은 남이 보기에는 성공이다. 그러나 본인은 조금도 재미가 없다. 만족감도 못 느낀다. 주관적으로는 인생의 실패자로 생각하고 있는 것이다.

또한 이것과 반대 케이스도 있을 수 있다. 항간에서는 손

가락질을 받고 있으나, 본인은 매우 만족해서 '내 인생은 흡
족하다'고 마음 속으로 생각하는 사람. 이러한 사람도 객관
적으로는 어찌 되었든 주관적으로는 성공한 사람일 것이다.

이와 같이 한 마디로 성공한 사람이라 하더라도 그 실패는
여러 가지지만 내가 생각하는 성공자란 항간에서도 평가받고,
자기 자신도 그렇게 생각하는 사람이야말로 참다운 성공자
라고 생각한다.

아무리 항간에서 다른 사람이 추켜세워도 본인이 그렇게
생각하지 않는다면 성공한 사람이라 볼 수는 없다. 동시에
자기만 아무리 그렇게 생각해도 남들이 인정해주지 않는다면,
그것도 또한 독선이나 억지의 탈바꿈에 지나지 않는다. 인간
이란 사회 생활을 하고 있는 한 사회로부터 평가받지 못한다면
참된 성공이라고는 할 수 없는 것이 아니겠는가?

실패의 효과

그런데 성공한 사람이란 사회적으로도, 본인 자신도 '성공
했다'고 생각할 수 있는 사람을 말하는 것이지만 자기의 주
위를 둘러보면, 그렇게 말할 수 있는 사람이란 극히 드물다.
이렇게 말하는 나 자신도 현재 성공하려고 노력하고 있을 뿐,

결코 실패했거나, 패배자라고도 생각하지는 않지만, 가슴을
펴고 나는 성공했다고 외칠 용기는 나지 않는다.

나는 일찌기 작은 목표를 설정하고 그것을 잠재능력 활용의
법칙에 의해 달성한 경험이 있다. 그러나 원래가 욕심장이라
그런지 하고 싶은 일들이 생기기 때문에 느긋하게 성공감을
맛볼 여가가 없었다. 결국 나라는 인간은 영원한 도전자일는
지도 모른다.

이야기는 약간 빗나가 버렸으나, 어찌 되었든 세상을 바라볼
때, 성공한 사람은 드물고 실패한 사람은 많다. 어느 친구와
이런 이야기를 하고 있노라면 '세상이란 실패자 투성이야.'
라고 묘하게 시무룩한 말을 중얼거려 입을 다물고 있는 일이
있다.

확실히 그럴지도 모른다. 성공자가 아니면 곧 실패자라는
것은 아니지만, 내가 보기에는 실패자가 훨씬 많을 것이라고
생각된다. 더구나 성공이라 할지라도 비교 대상이 없는 한
분명한 판단은 내릴 수 없을 것이다. 실패자가 있어야 성공
자를 증명할 수 있는 것이다. 이런 말을 하면 누군가가 화를
낼지도 모르겠지만 이것은 사실이니 어쩔 수가 없다. 다만
실패자라고 생각하는 사람도 실은 그렇지 않은 경우는 얼마
든지 있다.

에디슨은 전구(電球)를 발명하기까지 몇 백번, 몇 천번이나

실패를 거듭했지만, 그 자신은 별로 실패라고는 생각하지 않았다고 한다. '이런 방법으론 안 되겠는 걸.' 하고 생각했을 뿐이라고 한다. 이러한 강인한 정신이야말로 성공에 이르는 길인 것이다. 실패라 할지라도 그것은 성공에 이르기 위한 프로세스에 지나지 않은 것이다.

아무리 실패한 일일지라도 일부러 실패하겠다고 생각하고 덤벼드는 사람은 없다. 아무리 술을 좋아하는 사람이라도 빨리 알코올 중독자가 되어서 정신 병원에 입원하여 집안 식구들에게 걱정을 끼쳐주자고 생각하지는 않는다. 사업을 시작하는데, 어떻게든 빨리 망해서 빚쟁이에게 쫓기는 신세가 되고 싶다고 생각하는 사람이 있다면 그야말로 정신 병원에 들어가야 할 사람이라 아니할 수 없다.

그 누구도 실패해야겠다고는 생각하지 않는다. 그런데도 불구하고 실패한다. 그 사람의 이야기를 듣고 있으면 '그렇게 하려던 것이 아니었는데…….'라고 말한다. 실패하려고 시작한 것은 결코 아니었다는 이야기이다.

그래서 나는 생각한다. 실패했다 해서 낙담할 필요는 없다. 실패란 성공에의 첫걸음이 아닌가. 실패를 하나 하나 쌓아나가는 일은 성공으로 이어지는 것이 아닐까. 나도 몇 번인가 크게 실패한 쓰라린 경험이 있었지만 그 경험을 통해서 알게 된 것은 스스로 실패했다고 느낄 때는 그 일의 최종 목적지에 도달하지 않았다는 것이다.

무슨 일인가를 지향해서 행동을 시작한다. 어느 시점에서는 실패했다고 생각한다. 그러나 그것은 결론이 아니라는 것이다. 실패의 태반은 목표를 향해서 시작한 행동의 프로세스에 지나지 않는다. 이런 예를 들어 무엇하지만, 마작에서 어느 빠이를 타패하고 나서 '아! 잘못 버렸구나.' 하고 생각할지도 모른다. 이 시점에 관한 하나의 실패라고 말할 수 있다. 그러나 그 뒤에 생각지도 않았던 방향으로 전개되어, 결국 처음에는 실패라고 생각했던 빠이는 일찍 버렸기에 잘 되었다는 사태로 바뀔지도 모른다. 혹은 그 당시로서는 그것이 미스였지만 그 다음부터는 그런 미스를 범하지 않으려고 조심하게 될 것이다.

그런 의미에서 실패는 성공에 이르는 이정표로서 중요한 역할을 하고 있다고 말할 수도 있다. 실패에는 실패대로의 효과가 있는 것이다. 지금 한창 '세계의 혼다(상호)'라 불리는 혼다기연(本田技研)의 혼다 사장은 다음과 같이 말하고 있다.

"저의 현재가 성공이라 한다면, 저의 과거는 모두가 실패의 연속이었다고 말할 수 있습니다. 일이란 전부 실패의 연속이니까요."

또 영국의 극작가 사우전은,

"실패는 낙담의 원인이 아니고, 신선한 자극입니다."

라고 말했었다.

****

실패를 두려워하지 말라

실패라는 것은 빈번히 일어나는 일이다. 혼다 사장의 말 뿐만 아니라, 일이란 참으로 실패의 연속인 것이다. 만약 나는 한 번도 실패한 일이 없다고 말하는 사람이 있다면 나는 그 사람에게 헬프스(미국의 국제 법학자)의 말을 전해주고 싶다.

"실패하지 않은 사람은 아무 일도 성취할 수 없다."

사람이 무엇인가를 하려 한다면 실패는 반드시 따르기 마련이다. 문제는 실패하는 것에 있는 것이 아니라, 실패라는 사실에 패배하는 일이다. 사람들은 실패해서 쓰러진 것을 책망하는 것이 아니라, 그 뒤 다시 일어서지 않은 것을 책망하는 것이다.

이것은 미국의 이야기지만, 어느 주에 실패의 박사와 같은 사나이가 있었다. 원인은 그가 훌륭한 가구 제작소의 기술자였으나, 비사교적인 데다가 말 수가 적었다. 알코올 중독이나, 폭력을 휘두르는 말썽 꾸러기는 아니었음에도 불구하고, 아내나 자식들과도 헤어져 홀로 대도시의 밤거리를 건달처럼 헤매고 있었다.

그의 머릿속에는 자기의 무능과 무기력함에 대한 개탄으로 가득차 있었다.

"에라——죽어버리자. 주머니를 털어서 수면제를 사야겠

****

다. 아니야, 아니야. 인생이라는 것이 모두 실패의 연속이 아
니냐. 빚은 자꾸 늘기만 하고 의지할 곳도, 의논할 친구도 없다.
어째서 이 꼴이 되었단 말인가. 그렇지만 조금만 있으면 아
주 편해질 것이다. 약을 먹고 누워있으면 아무것도 모르게
되겠지……."

그가 약을 사려고 두리번거리다 보니, 약방의 책꽂이에 꽂혀
있는 한 권의 책이 눈에 띄었다. '당신도 부자가 될 수 있다'는
제목의 책자였다. 이때 그는 화가 치밀었다. 상투끝까지 화가
치밀었다.

"웃기고 있군. 당신도 성공을 해? 말은 잘도 하는군. 그
거야 '당신도 부자가 될 수 있다'라는 제목에 이끌려 책을
살 테니까. 덕분에 많은 인세가 들어와 즐거운 인생을 보내려
하겠지. 대체 무엇이라고 씌어 있을까?"

이 사내는 약을 사는 대신 책을 샀다. 다 읽고 나서 저자에게
욕찌거리 편지나 써주어야겠다고 생각했던 것이다. 그 사내는
빈민 아파트로 돌아와서 재빨리 그 책을 읽기 시작했다. 거
기에는 서문에 이렇게 시작하고 있었다.

"당신은 행복에 가득찬 인생을 보내기 위하여, 신을 찬미
하고, 신과 함께 영원을 즐기기 위해서 이 세상에 태어났습
니다……."

화가 치미는 기분으로 읽기 시작했던 그는 자기도 모르는

사이에 열심히 읽게 되었다. 거기에는 그가 평소 생각하고
있었던 것과는 전혀 다른 세계가 있었다. 거기에는 이제까지
여러번 되풀이해온 '실패는 성공을 위한 징검다리에 지나지
않는다'라고 씌어 있었다. 날이 훤하게 밝을 무렵 이 사내
는,

'다시 한 번, 인생을 고쳐 살자.'

하고 결심하게 되었다. 책의 저자 이름을 살펴보니 거기에는
조셉 머피라고 씌어 있었다.

이 사나이는 그 뒤 훌륭하게 재생하여 지금은 행복한 가정을
찾았고, 또한 열심히 일하게 되었음은 말할 나위도 없다. 만약
이 사람이 한 권의 책을 만나지 못하고 수면제를 샀더라면,
아마 애석한 실패자로 일생을 마쳤을지도 모른다. 확실히 이
사람의 전반 인생은 실패의 연속이었다. 그러나 그가 건달에
버금가는 상태로까지 전락한 것은, 실패한 사실보다도 실패한
자기에게 지고 있었다는 것을 알았다.

영국의 극작가 웹스터는,

"실패란 자본의 결핍보다는 에너지의 결핍에서 자주 일어
난다."

라고 말하고 있다. 이 세상에 실패자로 자칭하는 사람을 보
아도 이 사실은 납득이 갈 것이다.

실패를 두려워해서는 안 된다.

****

　그것은 당연한 일이기 때문이다. 실패해서 비참한 기분에 잠겨 있는 사람에게 잠재의식은 동정하겠는가? 아니다. 잠재의식은 결코 동정하지 않는다. 비참한 생각에 젖어 있는 사람에게는 오히려 파멸의 방향으로 작용할지도 모른다. 성공의 본질은 반드시 실패 속에 있는 것이다.

　우리들은 더욱 실패해서 그 실패에 강해지지 않으면 안 된다고 생각한다.

　부로우닝은,

　"성공의 한 순간은 여러 해의 실패를 보상한다."

라고 말하고 있다.

성공자들의 초상

　미합중국의 제16대 대통령, 에이브라햄 링컨으로 말하자면 인생의 성공자의 한 사람일 것이다. 뜻을 다 이루기도 전에 중도에 흉탄으로 쓰러지기는 했지만 켄터키의 변두리에서 태어난 가난한 소년이 역사에 그 이름을 남기는 큰 인물로까지 된 프로세스는 한 권의 성공 이야기가 아닐 수 없다.

　그런데 링컨의 전기를 읽고 있으면 알 수 있는 것은 그가 조국을 위하여 쓸모 있는 인간이 되기까지에는 실패만 거듭하고 있었던 것이다. 공부도 독학이었고, 성인이 되고 나서도 그다지 평판은 좋은 편이 아니었다. 힘이 세다는 것과 품격 낮은 유머, 이것이 그의 특색이었다고 한다. 또한 그의 아내는 악처로서 내내 히스테리만 부려서 남편을 난처하게 하였다.

"나와 일, 어느 쪽이 소중한가요……."

하고 앙탈을 부려 링컨을 언제나 초조하게 만들었다는 것이다. 그러나 그는 좌절하지 않았다. 연설의 연습을 열심히 하여 급기야는 웅변대회에서 청중의 갈채를 한 몸에 받게 되었다. 그는 독학으로 변호사 자격을 땄는데, 만약 그가 주위의 평판이나 실패에 졌더라면 대통령 링컨이 될 수는 없었을 것이다.

오히려 히스테리의 아내가 있었기 때문에 일에 정진할 수 있었다고 후년에 그는 측근들에게 말했다고 한다.

그와 반대로 문학적 영광에 싸여 노벨상까지 수상했음에도 불구하고 최후에는 자실이라는 비극적인 결말을 맞이한 작가 어네스트 헤밍웨이가 있다. 그의 소설을 읽으면 알 수 있겠지만 그의 문학도 생활 방식도 그야말로 강자의 것이었다. 그는 인생을 거대한 투기장으로 삼아 그 속에서 투쟁하는 일을 인생의 목적으로 삼았다. '패배를 모르는 사람.' 아마도 그것이 그의 이상이었을 것이다.

그의 문학은 매우 높은 평가를 받았으며, 세속적인 의미에

****

서는 성공하였으나 그 자신은 만년에 '자기는 인생의 실패자가 아닌가.'라고 생각했다고 한다. 그러한 번뇌가 결국은 자살이라는 형식을 취했던 것이리라. 그토록 강인한 사내라도 자기의 내부에서 솟아오르는 불안, 의념(疑念)을 이겨내지 못했다면 아마도 세상의 평가와 자기 자신의 평가의 낙차에 견딜 수가 없었을 것이다.

2. 성공하기 위한 노하우(Know-How)

역경을 활용하는 원칙

역경은 성공을 낳기 위한 찬스라고 흔히 말한다. 집이 가난해서 학교도 변변히 다니지 못한 인물이, 노력에 노력을 거듭하여 기어이 성공했다는 성공담은 흔히 들을 수 있는 이야기이다. 좋은 환경에서 태어나 우여곡절을 모르고 인생을 살 수 있는 사람보다도 괴롭고 쓰라린 상황에 놓였던 사람 쪽이 현상 타개의 에너지는 생기기 쉬울 것이다.

그러나 여기에는 잘못된 점이 하나 있다고 생각한다. 과연 누구나 역경을 극복하려 하고, 그러기 때문에 노력도 남의 갑절이나 하려 한다. 그러나 역경에 놓이면 성공할 수 있고, 역경이 아니면 좀처럼 성공할 수 없다고만 생각하는 것은 잘못이다.

현실을 보면 곧 알 수 있는 일이지만, 분명히 역경에서 성공한 사람도 있는 반면, 역경에 있으면서 성공하지 못한 사람도 적지 않다. 또 복된 환경, 다시 말해서 순경(順境)에 있던 사람도 성공자가 있으며, 실패자가 있다. 그리고 보면 역경이 성공의 절대적인 조건이라 할 수는 없다.

****

　요는 성공의 요인이 역경에 있는 것이 아니고, 그때 그때 어떠한 사고 방식을 가졌느냐가 문제다. 바꾸어 말하자면 역경에 있어서의 심적 태도가 문제인 것이다.

　미국의 유명한 흑인 실업가의 에피소드에 이러한 이야기가 있다.

　그는 규칙에 따라 슬럼 가(街)에서 자라났다. 어느때 어머니가 이런 말을 하였다.

　"너도 사람들에게 잘 보이지 않으면 안 돼요. 우리 흑인이란 아무리 노력해도 안 되니까……. 사람들에게 잘 보이기만 한다면 어떻게든 될거다."

　"어째서 흑인은 안 되나요?"

　"어째서라니…… 이 나라에서는 안 되는 것으로 정해져 있잖아. 할아버지도 아버지도 모두 사람들에게 미움받지 않도록 하고 있잖아. 가난하지만 네가 굶지 않는 것도 할아버지나 아버지 덕분이란다."

　"난 가난한 것은 싫어!"

　"사치스런 말을 하는 게 아니야. 너처럼 그런 말을 하며 이 마을을 뛰쳐나간 아이들도 꽤 있었지만, 변변한 녀석이 어디 있더냐……."

　한동안 잠자코 있던 소년은 다시 어머니에게 이렇게 물었다.

****

"엄마, 어째서 할아버지나 아버지는 가난했나요?"

어머니는 기가 막힌 표정으로 대답했다.

"무슨 말을 하는거냐? 할아버지나 아버지도 열심히 일하시지만 부자가 되고 싶다는 꿈 같은 것은 생각할 겨를이 없질 않느냐."

그때 소년은 이렇게 말했다.

"그러면 내가 생각할게. 나는 가난과 손을 끊을 거야. 절대로 부자가 되어 보이겠어."

그 말대로 소년은 기어이 훌륭한 실업가가 되었다.

세상에 넘쳐 흐르는 숱한 성공담의 태반은 역경에 선 어린이가 얼마나 많은 고생 끝에 영광을 차지할 수가 있었는가하는 것이다. 고생이 많으면 많을수록, 비참하면 비참할수록, 영광이 더욱 빛나는 것과 마찬가지로, 역경 시대의 에피소드는 과장된다. 그러나 역경이 아무리 과장된다 할지라도 그 자체는 대단한 문제가 아니다. 역경에 놓여 있을 때, 그 인간이 어떠한 의식을 가졌느냐가 문제이다. 그때의 심적 태도가 잠재능력을 좌우하기 때문이다.

배불리 먹은 짐승이 투쟁심에 결핍되어 게으르게 낮잠에 빠지듯이 인간도 모든 것에 만족한 상태에 들어 있으면 행동의 에너지는 감퇴된다. 이런 의미에서 역경은 에너지원으로서 하나의 비약에의 찬스라 할 수 있다.

그러나 내부에서 솟아오르는 에너지에 보다 나은 방향을
부여하는 것이 무엇보다도 중요하다는 것을 잊어서는 안 될
것이다.

나팔은 자기를 위해서 불어라!

세상에는 '나팔'이라는 별명이 붙을 만큼 큰소리만 치고
다니는 사람이 있다. 또 '허풍쟁이'라고 빈축을 사는 사람도
있다. 잘난 척하고 말만 하면서 게다가 하는 짓이란 오죽잖은
짓만 한데서야 곤란한 일이지만 어느 정도의 '거짓말'은 때
로는 필요한 것이 아닐까 하고 나는 생각한다. 왜냐하면 '거
짓말'이나, '나팔'은 남을 감탄하게 하거나, 깜짝 놀라게 하는
것 이외에 자기의 내부를 말해주는 효과가 있기 때문이다.
　"나는 이번에 새로운 사업을 시작하게 되었어."
　"또 시작하나. …… 그래, 이번에는 무슨 사업이지?"
　"내 친구가 특허를 따냈거든 그것을 제조해서 파는 거야."
　"무슨 특헌데?"
　"기업 비밀이야. 그러니 말할 수가 없군."
　"요전번에 말하던 출판사를 만든다는 이야기는 어찌 된거
야?"

****

"그것도 할거야. 허지만 뒤로 미루겠어. 어쨌든 2, 3억의 돈을 만들지 않고선……."

"헌데, 그 특허 말인데 판로는 개척되어 있는가?"

"자네, 실례의 말씀을 하는게 아냐. 내가 한다면 그것쯤은 자신이 있다는 이야기야. 지금 공장 부지를 찾고 있는데 좋은 곳이 없을까?"

"나한테 묻는데서야 무리지, 전문가를 찾아가 봐!"

"그렇군! 자넨 월급쟁이지. 하하하…… 그런데 여보게! 이제부터 사람을 만나기로 되어 있는데, 용돈이 필요하거든. 2만원만 좀 빌려주게나."

이런 타입의 사람을 항간에서는 '허풍쟁이'라고 한다. 이야기의 내용이 송두리째 거짓이라면 아무 짝에도 쓸모가 없는 노릇이지만 만약 진실한 것이라면, 이런 어리석은 이야기라 할지라도 이야기하는 사람에게는 무엇인가의 효과가 있다. 여러 가지 질문을 받게 되면 자기의 계획에 대한 사고방식이 넓어지기 때문이다.

유언실행(有言實行), 무언실행(無言實行)이란 말이 있는데 세상에서는 무언실행 쪽을 존경하는 경향이 있다.

"N씨는 잠자코 있지만 할 땐 하고 말아. 저런 사람일수록 무언실행의 도사야. 훌륭하지. 너도 결혼하려거든 저런 신랑 감을 골르라구."

****

나는 실행이 따르는 한 유언실행 쪽을 선택하겠다. '교언 영색(巧言令色)'이라 하여 남의 환심을 사기 위하여 아첨하는 말과 얼굴빛을 보기 좋게 꾸미는 사람도 있지만, 옛날 선비도 아니요, 오늘날 무뚝뚝한 사람을 좋아하는 것은 그다지 바람 직하지 못하다.

대개 무언실행을 하는 사람의 심리에는 능청스러운 데가 있다. 잠자코 있으면 우선,

첫째 허풍쟁이란 말은 듣지 않는다.

둘째로 머릿속으로 아무리 어리석은 일을 생각하고 있어도 바보 취급은 당하지 않는다.

셋째로 남에게 말하지 않으니 실행을 강요당할 염려도 없다.

이것이 유언실행의 사람이라면, 조금은 반대이다. 외면적 으로 손해를 입는 수가 많을지도 모른다. 그러나 그런데도 내가 유언실행의 사람이 되기를 권하는 이유는, 유언 쪽이 보다 잠재능력에 작용하는 힘이 강하기 때문이다. 더욱이 남 에게 잔소리를 늘어놓게 되면, 자기 혼자서 생각하고 있던 일에 비판이나, 조언이 가해진다. 그에 의해서 계획은 보다 구체적으로 선명해지는 것이다. 또 남에게 말해버린 이상 하지 않을 수 없다는 형태로 행동에의 에너지도 솟아나게 되는 것이다.

무언실행보다 유언실행, 실행이 따르는 한 그 쪽이 잠재능

****

력의 활용을 위해서는 그 쪽이 더 좋다. 단지 유언실행이라 할지라도 단순한 복안에 지나지 않고 계획성이 결여된 것이 라면 논할 바가 못된다. 자기의 사회적 책임이란 입장에 서서 냉정한 심사숙고의 결과로서의 유언이 바람직하다. 선견지명, 심사숙고, 과단이라는 원칙에 입각하여 유연하고 다소의 리 스크(risk)는 인지(認知)한 연후에 될 수 있는 한 먼 곳에 돌을 던져, 곧바로 그 돌을 향해서 돌진하는 모습과 흡사하다.

의지와 신념을 함께 생각하는 사람이 있는데 그 의미는 전혀 다르다. 의지란 어느 목표를 향해서 비록 어떠한 장애물이 있어도 밀고 나간다. 그것도 다만 무턱대고 돌진하는 자세와 비슷하다.

이에 대해서 신념은 장애물이 있으면 그것을 비켜나가 비록 멀리 돌아가는 방법으로라도 목적에 도달하려는 유연성(柔 軟性)이 있다.

신념은 바람직하지만 의지는 때때로 행동을 좌절하게 해 버린다.

표현 능력의 개발

말 솜씨가 없는 사람이란 단순히 사람과 이야기하는 것이

****

서툴다는 것 이상으로 자기 자신에게 속는 것도 서툰 경우가 허다하다. 이야기한다는 것은 화법(話法)의 테크닉이라 하기보다는 사고(思考)의 정리와 사리의 합당함의 문제이기 때문이다.

그리고 이제는 이미 이해할 수 있었으리라 생각하지만, 서툰 사람은 잠재능력을 잘 활용하지 못한다. 자기가 소망하는 일을 훌륭하게 표현하지 못한다는 것은, 적어도 자기의 목표를 선명하게 하기가 매우 어렵다는 일이다. 이래서는 언제까지고 잠재능력이 바라는 방향으로 움직여주지 않을 것이다.

그러므로 표현 능력의 개발법을 가장 가까운 곳에서 실행할 수 있는 두 가지 방법이 있다.

첫째, 문장화(文章化)의 훈련

문장화라는 작업은 사물의 사고 방식을 정리, 통일하는 데 매우 유익하다. 보통 문장을 쓴다 하면, 생각을 먼저 머릿속에서 간추려 그것을 문자로 표현하는 것이라고 생각하기 쉬우나, 실제로 해보면 아주 다른 것이다. 물론 머릿속에 쓰고자 하는 것은 있지만, 그것은 그다지 선명하지 못하다. 실제로 쓰기 시작함에 따라서 차차 간추려지는 것이며 그런 의미에서는 '쓰는 것이 생각하는 것'이라는 쪽이 현실에 더 가까운 것이다.

따라서 문장화의 훈련으로 고민하고, 생각하고, 연구하는 것은 자기의 사고 훈련 및 표현 능력의 개발에 도움이 되는 것이다. 현대는 영상(映像) 시대여서 사람들은 문장 쓰기를 귀찮게 생각하지만, 편지든 일기든 무엇이라도 좋으니, 문장을 써보는 것은 잠재능력의 활용에 매우 유익하다.

둘째, 표현 능력의 개발법

사람의 일생은 어떤 의미에서는 남을 설득하고, 또 다른 사람에게 설득당하는 것의 연속이라고 해도 좋을 것이다. 따라서 설득의 자잘못은 때로는 그 사람의 인생을 좌우하게 된다.

또한 표현 능력이 서투른 사람은 설득력이 부족한 것이니 설득 훈련 또한 표현 능력의 개발에 유익한 것이다.

그러므로 가까운 사람을 상대로 하여 자기의 생각을 이야기해본다. 장래의 희망, 사고 방식, 목표 등 무엇이라도 좋다. '나는 이렇게 하겠다.' '이렇게 하고 싶은데 당신 생각은 어떤가?' 하고 상대의 동조를 구하는 것이다. 이때 이를테면 아내가 '그런 것을 생각할 여가가 있거든 마당이라도 쓸어요.'라고 한다면 실망의 눈을 깜빡이며, 바짝 다가오도록 할 수 있을 때까지 해보는 것이다. 이러한 훈련은 일견 아무런 효과도 없는 것처럼 보이지만 절대로 그렇지 않다. 당신이 표현한 것은 차츰 선명한 형태를 갖추어 잠재의식으로 침전(沈澱)해 가게 되기 때문이다.

문장화의 훈련과 가까운 사람의 설득 훈련

이것도 당신의 잠재능력을 활용해서 성공하려 생각한다면 시험해도 결코 손해는 보지 않는 방법이다.

특히 문장화의 훈련이라든가 설득 훈련은 지혜를 발달하게 한다. 지혜란 때와 장소와 경우에 맞추어 능숙하게 사물에 대처해 나가는 능력이며, 이것은 반드시 지식이라든가, 정보의 양과는 상관이 없다. 지식이나 정보도 필요하기는 하겠지만, 지혜가 없으면 지식은 산 것이 못된다. 지식은 물이며, 지혜는 펌프와 같다. 불이 났을 때, 물은 불을 끄는 데 도움이 되지만 펌프가 없으면 불을 쉽게 끌 수가 없다. 연못에 물이 가득할 지라도 아무런 도움이 못되는 경우도 있을 것이다.

머리가 좋아도 일을 하지 않고 있으면 그것은 조금도 실생활에 도움을 주지 못한다. 그런 사람은 펌프를 가지고 있지 못하기 때문이다. 표현 능력의 개발이란 말하자면 펌프의 사용 방법을 훈련하는 것이라고 말할 수 있는 것이다.

멘탈 시그널(mental signal)을 수신(受信)하라

이제까지는 자기의 내부에 속삭이는 방법론에 대해서 이야기해 왔으나, 이번에는 잠재의식이 마음의 밑바닥에서 당

****

신에게 보내주는 통신을 어떻게 캐치하느냐 하는 문제이다. 이 능력이 강하냐 약하냐는 성공과 실패에 크게 관계되기 때문에, 수신 능력을 어떻게 해서라도 연마해주었으면 하고 생각한다. 이를테면 이런 예——.

어느 아가씨가 선을 보았다. 상대방 남자는 이렇다 할 명문의 맏아들로 물론 재산가에다 일류 대학을 나왔고, 일류 기업에 근무하고 있어서 매우 장래가 촉망되는 사람이다. 자세도 단정하고 스포츠에도 만능, 인품도 명랑하고 상냥한 느낌이 든다. 게다가 그는 한 번 보고 나서 그 아가씨에게 홀딱 **빠**져버렸다.

이 만큼 좋은 조건이 갖추어져 있다면 대개의 여성이라면 그 자리에서 OK할 것이다. 그런데 당사자인 그 아가씨는 무엇이 못마땅한지 투덜거리며, 도무지 승낙할 생각을 하지 않는다. 무엇인가 불만스러운 점이 있느냐고 따져 물어도 확실한 대답을 하지 않는다. 그 아가씨의 부모도 애를 태웠지만 결말이 나지 않았다.

이것은 그 아가씨의 마음 밑바닥으로부터 그럴 기분이 나지 않았던 것이다. 그럴 기분이 나지 않는 것은 무엇인가가 송신되고 있는 것이다. 다시 말해서 잠재의식이 현재의식에게 'OK라고 말하지 마라!'라는 신호를 보내고 있는 것이다. 이것이 멘털 시그널이다. 물론 이것은 마음의 밑바닥에서 보내는 신호이기 때문에 본인도 명확하게 이해하지 못한다. 오히려 이성적인 부분에서는 '나에게는 절호의 찬스구나' 하고 생각하는 기분 쪽이 더 강하다. 그럼에도 불구하고 무엇인가 장해물 같은 것이 부글부글 끓어올라서 최종적인 결론을 내리지 못하는 것이다.

상대방 남성도, 주위 사람들도, 조바심이 나겠지만 이러한 케이스는 간혹 있는 일이다. 그리고 이 아가씨의 감각은 어쩌면 좋을 것인지도 모른다. 주위의 강력한 권유로 결혼이라도 하게 된다면, 크게 실패해서 후회하게 될 가능성 쪽이 큰 것이다.

감수성이 예민한 사람, 혹은 해맑은 마음의 소유자, 욕심꾸러기가 아닌 사람은 멘털 시그널을 잘 느낄 수 있다. 그리고 이 잠재의식이 보내는 신호에 따라서 '왜그런지 자기도 잘은 모르겠으나……' 하고 말하면서도 부질없는 인생 항해에의 출범을 피할 수가 있는 것이다.

수학자(數學者)인 히로나카 박사는 가정교육론 가운데에서 이런 의미의 말을 하고 있다. 다시 말해서 인간은 어느 방향으로 나갈까 하는 결단을 내리는 단계에서 반드시 논리적, 합리적인 선택을 한다고는 말할 수 없다. 뒤에 생각해보면 결과적으로는 그것이 가장 좋았다고 말하게 되는 것이지만, 그 시점에서는 잘 알 수 없었다. 왜그런지 그런 기분이 들었다든가, 인간의 결단이라 하는 것에는 대단히 미스테리어스한 부분이 있다는 것이다. 이것도 멘털 시그널이 하는 재주인 것이다.

또, 흔히 말하는 '감', 이것은 매우 중요하다.

흔히 '저 사람은 감이 좋아.' '나는 감이 나빠.' 하면서 일상 생활에서는 이 '감'이 차지하는 비중이 생각보다 크다.

감이란 상식이나 이유를 따져보아도 도저히 내려지지 않는 결론을 '그렇게 생각한다.'고 하는 형태로 느끼게 되는 것으로서, 말하자면 이치에 어긋나는 '재치' 같은 것이다.

이를테면, 텔레비전의 일기예보에서 '개임'이라는 보도가 있었는데도, 아무래도 믿어지지 않아서 외출할 때 우비를 준비한 덕분에 비를 맞지 않았다든가, 입학 시험의 예상 문제가 적중했다, 혹은 아무도 쳐다보지 않는 보잘것 없는 회사의 주식이 어쩐지 마음에 들어 샀는데 갑자기 주가가 상승했다 …… 등등의 예. 본인조차 확고한 신념이 없는데 '감'이 왠지 터무니 없는 일을 초래한 실례는 일일이 들지 못할 정도로 많이 있지만 애석하게도 '감'이 예민한 사람은 그 덕택으로 1년 내내 득을 보고, '감'이 둔한 사람은 그 덕을 별로 보지 못하는 것이다.

이것은 말하자면 자동차의 플러그에 먼지나 개스가 차 있는 것과 같아서, 점화를 해도 스파크가 일어나지 않는 상태와 같은 것이다. 될 수 있으면 이러한 먼지나 개스가 차기 전에 마음을 클리닝해둘 필요가 있다. 마음의 클리닝(마음의 정화)이 되어 있으면, 잠자코 있어도 '감'이 예민해지는 것이다.

'감'이란 무엇인가?

이것은 말할 나위도 없이 잠재능력이 행하는 재주다. 그러기 때문에 보통 우리들이 생각하거나, 행동하거나 할 때의 규범이 되고 있는 현재의식, 이성과는 반대되는 일이 허다한 것이다.

그러면 '감'이 예민한 사람과 우둔한 사람의 차이는 어디에 있는가. '감'이 예민한 사람은 잡념이 없는 마음으로 사물이나 인물에 대처할 수 있는 것이다. 이것은 소박한 마음이라 할 수도 있다. '감'이 우둔한 사람은 자아의식(自我意識)이 강하다. 겉치레나, 허영, 혹은 자아(自我)가 너무 강해서, 잠재능력이 어느 사건에 대해서 올바른 평가를 내리고 있는데, 스스로 이것을 왜곡해서 흐리게 만들어버린다.

자연계에 살고 있는 동물들은 그 점에서는 멘털 시그널에 참으로 충실하게 살고 있다. 이것은 텔레파시라 해도 좋다. 대지진이나, 재해가 닥칠 때, 동물들은 재빨리 그것을 알아차리고 피난하는 것은 그 현상일 것이다. 사고를 당하게 될 배에서는 쥐가 제일 먼저 달아난다고 하는데, 그런 현상도 우리 인간에게서 본다면 이상한 일이지만, 쥐의 입장에서 본다면 인간이란 동물은 어째서 저토록 '감'이 둔한 존재일까

하고 생각할지도 모른다.

우리들이 가끔 '왜그런지는 잘 모르겠으나…….' 하고 말하면서 내리게 되는 판단, 혹은 직관에 의한 판단, 재치……. 이러한 멘털 시그널은 말하자면 '하늘의 소리'이다. 하늘의 소리는 절대로 오판하지 않는다. 소박한 마음으로 하늘의 소리에 귀를 기울였을 때 당신은 화려한 미래의 문턱에 서게 되는 것이다.

독단과 편견의 효과

솔직한 마음과 독단, 편견은 일견 상반되는 것으로 생각될지도 모른다. 그러나 그렇지 않다. 독단과 편견은 상식에의 도전이며, 그것은 사물을 보는 법, 판단의 앵글을 바꾸어보는 일에 지나지 않기 때문이다. 그리고 우리들이 미로(迷路)에 들어선 것 같을 때, 이 독단과 편견은 곧잘 활로를 찾아내 주기도 한다.

우리들은 사회 생활을 영위하는 데에 있어서 항상 지배적인 사고 방식을 의식하고 있다. 무슨 일이 일어나면 그것에 대처하는 방법 혹은 사고 방식이란 것은 열 사람이 있으면 아홉 사람은 모두 같아진다고 한다. 이것이 일반적으로 상식이라

＊＊＊＊＊＊＊＊＊＊＊＊＊＊＊＊＊

부르는 것이다.

상식은 사회 생활을 영위하는 데 있어서 무엇보다도 무난하고, 또 정당한 사고 방식이라 생각되고 있으며, 이 상식이 때로는 인간의 크나큰 가능성이나, 활발한 생활 방식을 조화하는 커다란 요인이 되어버리기도 한다.

역사상의 위대한 발명이나 발견은, 그 태반이 상식에의 반역에서 발상된 것이라 해도 좋다. 혹은 반역을 의도하지 않아도 결과적으로는 '상식에 어긋난' 사고나 행동이 많은 발명, 발견의 단서가 되어 문명을 발전시켜 온 것은 부정할 수가 없다. 말하자면 상식과는 가장 먼 곳에 있는 독단과 편견에도 그 나름의 효과가 있다는 말이다.

그러나 일반적으로 말해서 독단이나 편견은 좋은 것, 바람직한 것으로서는 취급받지 못한다. '저 사람은 독단적이다.'라는 평가는 결코 그 사람을 칭찬하고 있는 것이 아니다. '자네의 생각은 편견이야.' 하고 말한다면 그것은 판단의 부당성을 지적하는 것이다.

분명히 일방적인 판단이나, 기울어진 재료로 사물이나 인물을 결정짓든가, 자기 주장만이 옳다고 주장하는 것은 좋지 않은 일이다. 그러나 독단도 편견도 아닌 판단, 평가, 견해란 어떠한 것이냐 하고 반문하게 된다면 별로 확실한 대답은 하지 못하게 되는 것이 아닐까?

****

　뻔한 사건에 관해서는 상식적인 견해로 일단은 족하겠지만 그렇지 못한 경우, 상식 따위는 전혀 쓸모가 없는 경우도 드물지 않다.

　이를테면 미래론(未來論)——.

　인류는 머지 않아 21세기를 맞이하지만 이 새로운 세기가 어떠한 세기가 될 것인지, 과연 인류의 미래는 밝고 화려한 것일까, 아니면 어둡고 괴로운 참담한 세상이 될 것인가?

　이러한 문제에 대해서 여러 가지 예측이 나오고 있다. 로마 클럽은 핵무기, 공해, 인구 폭발, 식량 부족 등을 슬기롭게 해결하지 못하는 한 어두운 세기가 되는 것이 아닌가 하고 내다보고 있다. 한편 허먼 칸 박사 등은 비교적 밝은 미래를 예측하고 있다.

　이 두 개의 미래론은 말하자면 정반대이다. 대체 어느 쪽이 옳은 것인지, 우리들은 판단하기가 매우 곤란하게 된다. 그러므로 여러 가지 논쟁과 토론이 일어나게 되는 것이지만 내가 보기로는, 도대체 불확정한 미래를 이론이나 감촉, 혹은 과거의 데이타의 직접으로 예측한다는 그 자체가 틀렸다고 생각한다. 그럴 수는 없는 것이다. 인류의 미래를 예측한다는 것은 사실 불가능한 일이다. 만약 그것을 할 수 있다면 그것은 극히 주관적, 독단적인 것에 지나지 않을 것이다.

　그러나 나는 그것으로 좋다고 생각한다. 미래론이란 인류의

****

꿈이나, 희망을 말하는 것에 불과하며, 그렇지 않고서는 안 된다고 생각한다. 이것은 개인적인 미래에 관해서도 마찬가지이다.

현재의 당신이 비참하거나 혹은 본의 아닌 상태에 놓여 있다고 해서, 그러한 조건에서 자기의 미래를 상상한다면 어찌 되겠는가. 아마 그것은 이상과는 꽤나 먼 것이 될 것이다. 그러나 당신이 상식에 얽매여 있다면 그와 같은 미래 밖에는 묘사하지 못할 가능성이 큰 것이다.

때로는 상식을 타파해서 독단과 편견에 의하여 스스로의 바람직한 미래상을 그려보는 것도 필요하다. 그렇게 함으로써 당신은 사고의 자유를 획득하게 될 것이다.

성공을 위한 여덟 가지 법칙

끝으로 이 장을 간추림에 있어서 내가 생각하는 성공을 위한 여덟 가지의 법칙을 들어본다. 보기에 따라서는 이 법칙은 평범한 것인지도 모른다. 그러나 잠재능력의 위대한 힘을 믿고 그에 따른다면, 나머지는 여기에 게재하는 여덟 가지 법칙을 충실히 지킴으로써 당신은 당신의 소망대로 인생을 차지할 수 있다고 생각한다.

****

법칙 ① —— 목표를 구체화하라

여기에서 말하는 목표란 '저렇게 되고 싶다' '이렇게 하고 싶다'고 하는 막연한 것이 아니다. 좀더 구체적인 청사진이라 할 수 있다. 제1장에서도 언급했지만, 이를테면 집을 갖고 싶다면 정밀한 설계도의 완성, 예상도와 같은 것을 가리킨다. 이 목표는 상세하고 선명하면 선명할수록 목표 달성을 앞당길 수가 있다. 선명하지 못하면 잠재능력이 어떻게 작용해야 좋을지 혼돈을 일으킨다는 것은 앞에서도 말했기 때문에 더 되풀이하지 않겠다. 상세하고 선명한 목표를 설정하는 데에는 상상력이 크게 관계되고 있다는 것을 상기하면 충분하다.

법칙 ② —— 계획을 세워라

목표에 이어서 필요한 것은 계획이다.

'언제까지' 하는 노르마(norma : 각 개인에게 할당된 노동의 기준량)를 스스로에게 부과하는 것에 따라서 행동의 지침이 생기게 되는 때문이다. 말하자면 계획 입안은 잠재능력을 개발하는 재료가 된다. 그러기 때문에 '죽을 때까지 하자.' 하는 것은 안 된다. 적어도 몇년 뒤, 몇 살까지 정도의 장기 계획이 우선 필요하다. 장기 계획이 작성되고 나면 중, 단기 계획의 작성에 들어간다. 이것은 장기 계획의 세분화이다. 3년, 혹은 5년이라는 중간 계획, 그에 따르는 1년 단위의 단기 계획이

타당할 것이다.

여기까지 오게 되면 뒤에는 월, 주, 일 마다의 행동 예정이란 것이 자연히 생기게 마련이다. 바꾸어 말하자면 자기의 목적 달성을 위해서 지금 무엇을 하지 않으면 안 되는가 하는 것이다. 이러한 행동 예정과 그에 수반되는 행동은 다시 말해서 현재의식의 영역이지만, 그것은 잠재의식에 의해서 뒷받침되고 있는 것이므로 결코 무목적·생각나는 대로의 행동은 아니다. 그리고 매일 매일의 꾸준한 행동이 마치 한 방울의 물이 언젠가는 큰 바다를 이루는 것과 마찬가지로 당신을 성공으로 이끌어줄 것이다. 다만 계획은 경우에 따라서 변경하지 않을 수 없는 일도 일어나게 될 것이다. 이것은 당연한 일이며, 자주 변경해도 상관은 없다. 다만 계획 입안을 포기해서는 안 된다.

법칙 ③ ── 믿어 의심치 말아라

신(信)이란 한자로 '사람(人)이 말(言)한다'는 뜻이다. 여기에서 사람이라 하는 것은 자기를 말하는 것이다. 자기가 말한 목표이니까, 그 달성을 마음으로부터 믿지 않으면 안 된다. 그와 반대로 믿지 않는다는 것은 모두 무슨 일을 일으키지도 못하고, 그저 무(無)와 같은 것이다. 종교를 들먹일 필요도 없이 믿는다는 것의 파워는 이제 모두 알고 있는 것으로 생각한다. 이 세상에서 믿는다는 것 만큼 확고한 것은 없다. '신념'을 가지고 일에 임한다면 불가능은 없다. 스스로의 욕망의 불꽃을 꺼뜨리지 않게 하기 위해서는 믿는 일만이 최상의 방책이다. 맹목적이라 해도 좋다. 외고집이라 해도 상관없다. 의심하는 마음이야말로 죄악이다.

법칙 ④ —— 하나의 점에 집중하라

날카롭게 갈아놓은 송곳끝은 아무리 딱딱한 것이라도 뚫을 수 있다. 에너지 집중의 대단함을 상기해주기 바란다. 당신도 당신의 목적을 향해서, 예리한 송곳끝 같은 에너지를 집중시키지 않으면 안 된다. 성공한 사람의 태반은 어느 시기에는 남이 보기에 마치 미치광이처럼 보였을 것이다. 그러나 정신이 돌았던 것은 아니다. 어느 한 점에 집중되어 있었던 것이다. 세계 최강의 복서였던 무하마드 알리는 상대의 펀치를 맞고 얼굴을 찡그리면서도 그 눈은 상대를 응시하였다. 이 집중력이야말로 성공의 조건인 것이다.

법칙 ⑤ —— 지속하라

지속하는 일의 효과, 한 방울 한 방울 떨어지는 보잘것 없는 낙수조차도 돌에 구멍을 뚫을 수 있다. 되풀이 또 되풀이의 반복 작용은 위대한 힘을 발휘한다. 아무리 작은 노력이라도 좋다. 되풀이하고 또 되풀이해서 해볼 일이다. '헛수고일지

****

모르겠는 걸.' '쓸데없는 노력이야.' 하고 도중에서 집어치우는 일은 이제까지의 노력을 헛되게 하는 일이다. 더구나 일단 중지해버린 것을 다시 시작하려면 대단한 에너지가 필요하게 된다. 이거야말로 엄청난 낭비라 아니할 수 없다. 잠재능력을 믿고 한 번 결정한 일을 지속해서 밀고 나가는 것이야말로 성공으로 가는 지름길이 될 것이다.

법칙 ⑥ —— 남의 말에 좌우되지 말라

모든 사람의 말이 다 그렇다는 것은 아니지만, 인간이 어떤 일에 골몰하고 있을 때, 공연히 어쩌구 저쩌구 떠들어대는 사람이 있다. 그런 사람의 말은 대개가 무책임한 말이다. 위업을 성취한 사람들의 대다수가 그 과정에서 태풍 같은 비판에 조우(遭遇)한 예는 역사가 잘 가르쳐주고 있다. 때로는 마이동풍, 남이 떠드는 소리에 귀를 기울이지 않는 것도 중요한 일이다. 급히 걷고 있을 때는 뒤를 돌아보아서는 안 된다.

법칙 ⑦ —— 하루는 여덟 시간이 아니다

인간의 정신 생활에는 시간이 따로 없다. 무슨 일인가를 성취하는 사람은 항상 그 일이 염두에서 떠나지 않는다. 샐러리맨의 근무는 8시간으로 좋을지도 모른다. 그러나 무엇인가 목표를 가진 사람의 취업 시간은 한정된 것이 아니다. 그

목적을 달성하기까지는 잠재능력이 잠시도 쉬지 않는다. 성
공의 레이스에 참가할 의지가 있다면 이것을 잊어서는 안 될
것이다.

법칙 ⑧ —— 실패를 두려워 말라
헬프스의 말에,
"실패하지 않는 사람은, 아무 일도 성취하지 못한다."
라고 하였다.

무슨 일인가를 하려는 사람에게 있어서는 실패는 당연한
일이다. 그러나 그렇다 해서 실패를 두려워해서는 안 된다!
왜냐하면 실패는 성공에의 프로세스에 지나지 않기 때문이다.

제 4 장 요약

● ── 성공한 사람은 세상 사람들에게서 평가되는 것만이 아니다. 자기 자신도 그렇게 생각하지 않으면 참된 성공자라 말할 수 없다.

● ── 실패는 성공으로 가는 첫걸음이다.

● ── 역경은 성공을 위한 조건이 아니다. 역경에 놓여진 심리적 태도가 성공이냐 실패냐 하는 것을 결정한다.

● ── 유언실행과 무언실행은 어느 쪽이 더 좋은가. 실행이 뒤따르는 한 유언실행 쪽이 잠재능력의 활용을 위해서는 바람직하다.

● ── 말 솜씨가 서툰 사람은 단순히 사람과의 대화만이 서툰 것이 아니라, 그 이상으로 자기에 대하여 이야기하는 솜씨도 서툰 때가 많은 것이다.

● ── 잠재의식이 현재의식에 보내오는 신호, 그것이 멘털 시그널이라는 것이다.

● ── 멘털 시그널은 말하자면 '하늘의 소리'다. 하늘의 소리는 절대로 실수하지 않는다. 솔직한 마음으로 하늘의 소리에 귀를 기울일 때, 당신은 화려한 미래의 문턱에 서게 되는 것이다.

● ── 성공을 위한 여덟 가지 법칙이란?

① 목표를 구체화하라.　　　⑤ 지속하라.

② 계획을 세워라.　　　　　⑥ 남의 말에 좌우되지 말라.

③ 믿어 의심치 말아라.　　 ⑦ 하루는 여덟 시간이 아니다.

④ 하나의 점에 집중하라.　 ⑧ 실패를 두려워 말라.

****

성공을 위한 名言集

● 담력이 탐나거든, 두려워 손도 내밀지 못하는 일에 도전해
보라. 이것을 빠뜨리지 않고 해내야 성공을 거둘 수 있는
것이다. 이것은 공포심을 극복하기 위한 가장 신속하고 더욱
정확한 방법이다.　　　　　　　　　—— 앤드류 카네기 ——

● 곤란을 예기치 마라!　결코 일어나지 않을지도 모르는
일로 마음을 어지럽히지 마라. 항상 마음에 태양을 품으
라.　　　　　　　　　　　　　　　—— 벤저민 프랭클린 ——

● 지난 일은 지난 일이다. 과거를 돌아보지 말고 희망을 갖고
새로운 목표를 향해 나가라.　　　　　—— 조지 C. 마셜 ——

● 이번에는 무슨 일인가 손도 댈 수 없을 만큼 큰 곤경에 닥
치면 용감하게 그 속에 뛰어들어 불가능하다고 생각했던
일을 가능하게 하는 것이다. 자기의 능력을 완전히 신뢰하고
있으면 반드시 그렇게 할 수 있다.

—— 앤드류 카네기 ——

＊＊＊＊＊＊＊＊＊＊＊＊＊＊＊＊

● 천재란 99%는 땀이며, 나머지 1%가 영감(靈感)이다.

　　　　　　　　　　　　── 에디슨 ──

● 인생은 좀더 좋은 세계를 개척하려 노력할 경우에 비로소 생의 보람을 얻게 된다. 　　── 드와이트 D. 아이젠하우어 ──

● 일이 재미 있는 '척' 하고 있으면 그것만으로도 일이 정말 재미 있어지니 이상한 일이다. 　　　　── 앤드류 카네기 ──

● 진심으로 남을 도우면 자신도 반드시 남의 도움을 받게 된다. 이것은 인생의 가장 아름다운 보상의 하나이다.

　　　　　　　　　　　　── 에머슨 ──

● 내 인생에 있어서의 성공의 전부는 어떠한 경우라도 반드시 15분 전에 도착한 덕분이다.

● 먼저, 계획은 잘 짜여지고 적절한가 하는 것이 확인되면 그것을 단호히 실행하라. 사소한 일로 실행의 결심을 집어 던져서는 안 된다. 　　　　　　── 셰익스피어 ──

＊＊＊＊＊＊＊＊＊＊＊＊＊＊＊＊

● 일단 일에 착수했으면 목표한 것을 얻을 때까지 손을 떼지
  말라.　　　　　　　　　　　　　　　── 셰익스피어 ──

● 자기의 실수를 인정하는 것 만큼 어려운 일은 없다. 사태를
  해결로 이끌어가기 위해서는 솔직하게 자기의 잘못을 인
  정하는 것이 첩경이다.　　　　　　　　── 디스렐리 ──

● 행복의 비결은 자기가 하고 싶은 일을 하는 것이 아니라,
  자기가 해야 할 일을 즐겨하는 것이다.
  　　　　　　　　　　　　　　　　── 앤드류 카네기 ──

● 하루에 한 번 자기 자신을 격려하는 것은 바보스럽고 천박한
  사탕발림에 지나지 않는 것일까? 천만의 말씀! 이것이
  야말로 올바른 심리학의 응용 핵심이다.
  　　　　　　　　　　　　　　　　── 앤드류 카네기 ──

● 인생이란 그 사람이 생각한 소산이다.
  　　　　　　　　　　　　　　　　── 앤드류 카네기 ──

● 자기가 할 수 있는 능력을 약간 넘어선 일을 매일 하나씩만
  실행하여라.　　　　　　　　　　　── 나우엘 토머스 ──

●　자기의 마음 속에 그리는 꿈의 실현을 향해서 **노력할 때** 평소에는 생각하지 못했던 성공이 얻어지는 것이다.

―― 소로 ――

●　당신은 성공할 수 있다. 그러나 그렇게 되려면 일에 정력을 쏟을 필요가 있다. 무슨 일인가를 성취하고 싶어 견딜 수 없도록……. 그러기 위해서는 아무것도 아끼지 않는 마음 가짐이 있어야 한다. 한 번 그런 기분이 되어보지 않겠는가?

―― 앤드류 카네기 ――

****

잠재능력을 개발하는 10가지 법칙

① 항상 좋은 일을 생각하라. 좋은 일을 생각하면 잠재의식이 좋은 일을 가져다준다. 나쁜 일을 생각하면 잠재능력은 나쁜 일을 가져다줄 것이다.

② 잠재의식은 당신의 상념 전부를 무차별하게 실현해버리는 메카니즘을 가지고 있다. 잠재의식에는 정의와 악도 없고, 농담도, 거짓말도 통하지 않는다.

③ 잠재의식은 인간 자동 성공장치(석세스 오토파일러트 프로그램)이다. 그러나 이 장치는 당신의 현재의식에 의해서 움직여진다.

④ 당신이 곤란한 사건에 직면했을 때, '이젠 틀렸다'고 체념하는 것은 잠재의식에 네 가지 브레이크를 거는 일이다.

⑤ 착실하고 근면한 사람이 이 세상에서 성공하지 못하는 것은 잠재능력을 십분 활용하고 있지 않기 때문이다. 잠재능력을 요령껏 활용할 수 있다면 성공하기가 용이하다.

****

⑥ 잠재의식을 훌륭하게 작용하게 하는 비결은 잠재의식을 믿어버리는 일이다. 믿을 수만 있으면 기적도 일어난다.

⑦ 잠재의식에 당신의 상념을 집어넣으려면 많은 풀이가 필요하다.

⑧ 당신의 상념을 시각화하라! 그림으로 만드는 것이 잠재의식에 당신의 소망을 알리는 가장 확실한 방법이다.

⑨ 성공자란 예외없이 잠재의식을 믿고 그가 지닌 능력(잠재능력)을 충분히 발휘할 수 있었던 사람이다.

⑩ 잠재의식은 명확한 목표가 인푸트되면, 인간이 지닌 위대한 능력은 본인도 모르는 곳에서 활동하기 시작했다.

제 5 장
셀프 콘트롤과 메디테이션

****

1. 참다운 자아(自我)의 발견

셀프콘트롤(self-control)의 의의

잠재능력을 12분 발휘해서 자기가 생각하는 대로의 인생을 지내고 싶다고 생각하는 사람이라면, 먼저 자기 자신을 콘트롤할 수 있는 인간이 될 필요가 있다. 자기의 내적 충동을 다루지 못하고서는 잠재능력을 유효하게 활용한다는 것은 도저히 불가능하기 때문이다.

인간의 마음 밑바닥이라 하는 것은 어둡고 깊은 바다 밑 바닥과도 같다. 여기에는 인간이 갖고 있는 위대한 힘, 잠재능력의 근원인 동시에 인간이 원시시대 이래 갖고 있는 모든 요소——그것은 식욕이나 성욕이라는 본능적인 충동, 불안, 공포, 기쁨 등의 감정, 정념, 이성, 양심, 권력욕, 소유욕 등이다——가 뒤범벅이 되어서 넘실거리는 그로테스크한 심해(深海)이기도 한다.

이 어두운 심해로부터 끓어오르고 있는 잠재능력은 반드시 좋은 방향, 바른 방향으로만 작용하는 것은 아니라는 것은 당연한 일이라 하겠다. 파멸을 바라는 사람에게는 파멸과 불행을 자초하는 행동 패턴이 인간에게는 불행을 성실하고 정직한 산타크로스와 같이 프레센트해주는 것이 잠재능력이다. 잠재의식에는 정의도, 모럴도, 동정도 없다. 말하자면 성스러운 신과 악령이 동거하는 것과 같다. 취급하는 방법 여하에 따라서는 독이 되기도 하고, 약이 되기도 한다. 그런 의미에서 자기 콘트롤이 잘 안 되면 의식하고 안 하고에 관계없이 바람직하지 못한 인생을 걷지 않을 수 없다는 것이다.

그런데 이 자기 콘트롤이라는 것은 말로는 쉽게 할 수 있지만 실제로는 무척 어려운 일이다. 특히 현대와 같이 일견 풍요롭고, 더구나 관리화가 고도로 진보한 사회에서는 더한층 어려워지고 있다. 그 증거로 최근에는 성인병으로 대표되는 반건강인(半健康人)이나, 원인 불명의 노이로제 환자가 늘어나고 있다. 이들은 모두 셀프 콘트롤의 실조(失調) 인간이라고 해도 좋을 것이다.

담배의 과다 흡연이나 술의 과음이 좋지 못하다는 것은 이미 잘 알고 있으면서도 끊을 수 없어서 몸을 망쳐버리는 사람, 노름을 할 만한 여유도 없는데 질질 끌려들어가서 생활에 파탄을 일으키고 마는 사람, 무턱대고 노동만 하는 사람, 남이 명령하지 않으면 아무 일도 하지 않는 사람, 해도 좋은 말인지, 해서는 안 되는 말인지 분간 못하고 남의 험구나 불만을 쏟아놓는 분수없는 사람, 아무 일도 하지 않고 텔레비전만 보는 사람, 이런 사람들도 역시 자기 콘트롤을 실조한 인간의 부

****

류에 들게 될 것이다.

　에밀 쿠에는 암시 심리학(暗示心理學)이란 가설을 제창하여
이러한 인간이 빠져드는 상황을 '노력역전(努力逆轉)'이란
법칙으로 설명하고 있다. 그의 학설에 따르면 인간의 행동이라
하는 것은 의지력보다도 관념 쪽이 우선한다고 한다. 이를테면
자전거를 타고 시골의 논두렁길이나 도랑가를 비실비실 달
려간다. 의지는 논바닥이나 도랑에 빠지면 안 된다고 소리치고
있지만 핸들은 의지에 반해서 논바닥이나 도랑 쪽으로 다가
간다. 그리고 기어이 자전거와 함께 논바닥이나 도랑에 빠져
버린다. 이러한 결과는 관념이 이미 '논바닥이나 도랑에 빠진
모습'을 상상하고 있어서 그대로 실행해 버린 것이다.

　이와 같이 의지와 관념이 다툴 때, 승자는 관념의 편이 되
어버린다. 이것을 법칙화하면 다음과 같다.

① 의지와 관념이 다투게 되면 관념이 승자가 된다.
② 의지와 관념이 다투게 되면 관념의 강인함은 의지의 제
　 곱에 정비례한다.
② 의지와 관념이 협조하게 되면 거기에서 생기는 역량은
　 양자의 화(和)가 아니라 적(積)이다.
② 관념은 자기 자신을 유도할 수 있고, 타인도 유도할 수
　 있다.

✳✳✳✳✳✳✳✳✳✳✳✳✳✳✳✳

앞에서 말한 담배나 술을 끊지 못하는 사람도 이것과 똑같은 법칙이 들어맞는 것이어서, 담배를 의지력으로 끊으려 하여도 끊지 못하는 것은 관념이 그렇게 생각하지 못하기 때문이다. 식후 한 모금의 만족감을 관념이 잊지 못하고 있어서 의지를 자극하여 작심삼일로 만들어버린다. 도박도 마찬가지다. 일단 그 일에서 쾌락을 알게 되어 습관화되고 나면 '알고는 있지만 끊을 수가 없어서…….'라고 되어버리는 것이다. 좋건 나쁘건 습관화된 일은 관념의 세계에 지배되고, 이윽고 당신 자신을 지배하게 되는 것이다. 따라서 습관을 몸에 배게 하려면 보다 좋은 습관이 바람직하다. 좋은 습관은 아무런 고통 없이 당신을 성공으로 유도하는 파트너가 되어주는 것이니까…….

그러나 꼴 사납게도 현대는 무턱대고 바쁘고, 또 정보의 홍수로 차례차례 새로운 자극이 사람들에게 주어지기 때문에 그것에 대응하기 위한 나머지 자기가 진심으로 바라는 인생을 위해서 행동하고 있는지, 아니면 대체 자기는 무엇을 인생에서 추구하고, 무엇을 목표로 하고 있는지조차 생각하지 않고 그저 어쩔 수 없이 살고 있다. '소비는 미덕'이니 하는 사고 방식은 자기를 콘트롤하는 것보다도 오히려 자기의 욕망을 노출시키는 것을 강요하고 있다고 생각될 정도이다.

대체로 말하자면 사회 전체가 콘트롤 실조의 상태에 있기 때문에 이와 같은 상황하에서 자기의 '셀프'를 확립하는 일이란 대단히 어려운 작업인 것이다. 그러나 잠재능력을 유효 적절하게, 더구나 최대한으로 살리기 위해서는 자기 자신을 콘트롤하지 못해서는 안 된다. 그러면 어떻게 해야 하는가— —. 우선 최초로 하지 않으면 안 될 일, 그것은 콘트롤의 객체 (客體)로서의 자기상(自己像)의 확인, 참다운 자기를 발견하 는 일이다.

당신의 마음의 상태는?

인간은 누구나 자아(自我)가 있다. 즉 자기 자신이 생각하고 있는 '자기'라는 것이 있다. 그 '자기'를 무엇보다도 소중하 게 여기고 이거야말로 '참된 자기'라고 생각하고 있다.

자기는 '인정이 많은 인간이며, 신뢰받는 인간이다, 능력 자다, 훌륭한 사회인이다…….'라는 긍정적인 자기가 있는 반면에 '마음이 약하다, 실망을 잘한다, 교활하다…….'라는 부정적인 자기도 있다. 이러한 요소를 몇 가지 모아 가지고 일상적으로 행동하고 있는 자기를 대체로 '참된 자기'라고 생각하고 있는 것이 보통이다. 그것은 그것으로 상관없지만, 잠재능력을 살리기 위해서는 좀더 확실한 '자기'라는 것을 파악하지 않으면 안 된다. 말할 것도 없이 자기 마음의 현재

****

상태를 객관적으로 고쳐볼 필요가 있다.

그래서 비교적 간단하게 되어 있고, 게다가 알기 쉽게 하는 것으로 유명한 정신분석적 수법을 하나 소개하기로 하겠다. 이것은 교류분석(交流分析)이라 하는 것이다. 교류분석에 따르면 인간의 마음 상태란 크게 세 가지로 나누는 형식으로 나타낼 수 있다. 다시 말해서,

- 부모의 마음(parents)
- 어른의 마음(adult)
- 어린이의 마음(children)

의 세 가지이다. 부모의 마음이라 하는 것은 보호자 의식, 교육적 입장, 애정 등 보통 부모가 자식에 대해서 갖는 마음의 상태를 가리킨다. 어른의 마음이란, 사회적으로도 독립된 인간으로서 해나갈 수 있는 마음가짐, 책임감, 이성(理性)에의 애정, 지적 욕구, 미적 욕구 등이다. 어린이의 마음은 어리다는 것, 순진 순박함, 놀고 싶은 기분 등, 흔히 어린이다움을 가리킨다.

그런데 성인이 된 사람의 마음 속에는 이 세 가지 마음이 뒤섞여서 존재하고 있다. 그리고 이 세 가지 마음의 밸런스가 잘 작용하고 있는 상태, 다시 말해서 자식에 대해서는 부모의 역할을 다할 수 있고, 사회에 대해서는 책임 있는 어른으로서 행동할 수 있고, 때와 장소에 따라서는 순진한 어린이처럼

릴랙스(relax)할 수 있다── 이것이 가장 건전한 마음의 상
태라는 것이다.

당신의 마음 상태는 과연 이 세 가지 마음이 밸런스가 맞게
작용하고 있을까. 부모의 지나친 마음과 어른의 마음이 커서
순진함, 인생을 즐기는 방법을 잊고 있을지도 모른다. 또 어
린이의 마음이 지나치게 커서 사회인으로서의 책임이라는
면이 결여되는 일도 있을 것이다.

스스로 충분히 분석해보고 만약 밸런스가 잘 취해지지 않은
부분이 있다고 생각하면 그것을 시정하도록 노력해볼 일이다.
그렇게 함으로써 당신의 마음은 건전한 상태가 되고 당신의
잠재능력은 가장 바람직한 방향으로 기능하기 시작할 것이다.

요는 객관적인 자기 관찰과 분석에 대한 훈련을 쌓을 것.
그렇게 함으로써 콘트롤해야 할 자기가 분명해진다. 이를테면
자동차의 운전법을 알지 못하면 자유자재로 운전하지 못하는
것과 마찬가지이다.

심신일여(心身一如)

자기 마음의 상태나 성격이라 하는 것이 대강 파악되었으면
그것을 자기의 일상 생활에 유익하게 이용하지 않으면 안

된다.

매일매일의 생활이야 말로 인생의 콤마이며, 그것을 쌓아나가는 것이 당신의 인생을 형성해가는 것이다. 마음이 거칠면 그 사람의 인생도 거칠어지고 만다. 건전한 마음의 소유자는 인생 그 자체도 풍요롭고 기쁨에 너쳐 있을 것이다.

그러나 건전한 마음을 자기 것으로 삼기 위해서는 단순히 정신의 건전화에만 주의하고 있으면 되는가 하면 그것은 그렇지 않다. 주지하는 바와 같이 인간의 마음과 육체는 밀접한 관계가 있다. 어느 쪽이든 한쪽의 부조(不調)는 인간으로서의 정상적인 작용을 빼앗아버리기 때문이다. 최근 '심신의학(心身醫學)'이 재확인되는 것도 이 사실과 크게 관계가 있다고 해도 좋을 것이다.

그 옛날, 의학은 인간을 심신일여(心身一如)의 존재로서 파악하고 치료해 왔다. '의사에게는 3기(三器)가 있다'고 하는 그리스 시대의 옛 격언이 그것을 잘 나타내고 있다(3기란 메스와 약초와 언어를 말한다. 의사는 이 3기를 가지고 환자를 고친다는 것이다). 메스도, 약초도 의사에게는 빼놓을 수 없는 것이지만, 이 격언이 강조하는 것은 말(言語)이다. 의사는 말을 구사해서 환자를 격려하고 암시를 주어서 환자 스스로의 자연 치유력(自然治癒力)을 이끌어낸다. 고대의 인간은 본능적으로 마음과 신체의 상호보완적 관계를 알고 있었던 것이다.

****

그런데 과학기술 시대가 되고 보니 그것은 점차 잊혀져 가고 있다. 인간도 하나의 정밀한 기계에 지나지 않는다는 사고 방식도 나타나서 의학도 환부의 치료에만 전념하게 되어버린다. 그 성과는 어느 면에 있어서 빛나는 성과를 거두기는 했지만, 한편 오늘날 문제가 되고 있는 성인병인 심신증이 거의 전부라 해도 좋을만큼 무력한 존재 밖에는 아니라는 약점을 드러내게 되고 만 것이다.

마음과 신체의 관계를 이해하는 일은 잠재능력의 활동을 위해서도 유효하다. 잠재능력이라 하는 것은 신비하며, 수수께끼로 가득찬 에너지는 우주의 한 존재인 인간을 통해서만 나타나는 것이기 때문이다. 심신일여, 혹은 색심불이(色心不二)라는 말을 단순하게 불교의 용어로서만 생각하는 시대는 이미 끝났다. 이 말은 우리들이 보다 잘 살기 위한 영원한 철리(哲理)이며, 또 잠재능력을 활용하기 위한 지혜이기도 하다.

2. 마음과 신체

병은 마음에서……

예로부터 전해 내려오는 유명한 격언에 '병은 마음에서 …….'라는 말이 있다. 이 격언은 정신과 육체와의 관계, 그것은 정신이 육체에 얼마나 큰 영향을 미치는가를 간결한 말로 나타낸 것이다.

이를테면 근심거리가 있다고 생각해본다. 생각하고 또 생각하다 보니 위를 상하게 된다. 신경성 위염이다. 어느 여성은 친구에게서 '당신도 이제 갱년기 장해가 올 거야.'라는 말을 들었다. 그런 일은 그때까지는 생각해본 적도 없었고, 또 사실 건강했었다. 그런데 이 말이 이상하게도 머릿속에 늘어붙고 말았다. 게다가 그 말을 해준 친구가 병이 들어 병문안을 하는 사이에 결국 자기도 신체의 균형을 잃고 말았다. 이런 이야기는 흔히 듣는 이야기이다.

또 우리들이 일상 생활에서 잘 쓰는 말에 '화가 난다'는 말이 있다. 이것도 사실이다. 화가 나면 어찌되었든간에 정말로 불덩이가 치미는 것 같다.

위(胃)는 평상시에는 표주박을 눕힌 것 같은 상태이지만

過격하게 화를 내거나 하면 위가 곤두서게 된다. 나는 정신 의학의 임상 시험에서 X레이 사진을 통해서 실제로 본 일이 있는데 옛날 사람들이 '화가 난다'고 말한 것은 짐작컨대 대단히 명언이라고 감탄했던 것이다. 1년 내내 화만 내고 있으면 위가 곤두서게 되고 심장이 두근거린다. 혈관도 부풀어 오른다. 그래서 끝내는 위장 장해, 심장병, 고혈압이 되어 버린다. 화를 잘 내는 사람, 마음이 약한 사람, 근심 걱정이 많은 사람이 그 반대의 사람보다도 건강에는 불리하다는 것을 쉽게 상상할 수 있다. 그런데 문제는 그것에만 그치지 않는다. 일단 병에 걸리고 나면, 이번에는 육체가 정신에 작용하기 시작한다. 위장 장해로 시달리고 있으면 아무리 온건한 사람이라도 신경이 날카로워져서 때로는 화를 잘 내게 된다. 아무리 굳센 사람이라 할지라도 마음이 약해진다. 아무리 낙천가라도 병상에 누워 천장을 쳐다보면서 불안이나 걱정에 시달리게 되어버리는 것이다.

마음과 신체, 다시 말해서 정신과 육체의 관계는 손바닥과 손등의 관계와 비슷하다. 어느 한쪽만으로는 손이라 부를 수 없는 것과 마찬가지로 정신만으로나 또는 육체만의 존재를 우리들은 '인간'이라고 부를 수 없다. 적어도 함께 사회 생활을 영위하는 동지로서의 인간은 정신적인 존재인 동시에 육체적 존재이며, 더욱이 그 양자의 밸런스가 잡힌 통일이 이루어지고서야 비로소 '건전한 인간'이라 할 수 있는 것이다.

이렇게 생각하고 보면, 우리들은 심신이 함께 건강하지 않으면 안 된다는 것을 더욱 분명하게 알 수 있는 것이지만, 말하기는 쉽고 행하기는 어렵다. 이 심신의 조화라는 것은 그리 간단하게 되는 것이 아니다. 그러나 이 사실을 아는 것과 모르는 것과는 인생을 잘 사는 데 있어서 커다란 차이가 생긴다는 사실을 알아주었으면 좋겠다.

마음이 육체에 미치는 영향

자기 자신을 콘트롤할 수 있다는 것은 정신적으로나 육체적으로나 억제, 조절할 수 있다는 것이다. 아무리 정신을 콘트롤할 수 있다고 뽐내 보아도 중요한 육체가 그를 따르지 못한다면 아무것도 안 된다. 금연을 결심하고 맹세하겠다고 벽에 써붙였더라도 무심코 담배에 손이 뻗치게 되면 그 결심도 뻔한 일이라고 할 수 밖에 없다.

그런데 인간의 육체라고 하는 것은 이따금 정신을 배반한다. 마음 속으로 생각하고 있는 일, 결심한 것과 반대의 일을 해버린다. 굳게 금연을 결심했는데도, 사람들과 대화를 나누다 보면 자기도 모르는 사이에 담배에 불을 당기고 있었다는

****

케이스. 이것은 일종의 조건반사이지만, 역시 마음의 밑바닥에서 '금연은 싫다' '금연하지 않겠다' 하고 거부하는 마음이 존재하고 있었다는 사실을 나타내고 있다.

내심 보이프렌드가 없는 딸을 진심으로 걱정하고 있던 아버지가 막상 딸에게 보이프렌드가 생겨서 결혼할 단계까지 발전하게 되면 갑자기 병이 나거나 한다. 아버지는 표면으로는 참으로 잘됐다 하고 안도의 숨을 내쉬고는 있지만, 실은 '딸을 빼앗기고 싶지 않다'는 기분이 마음 속 밑바닥에 깔려있는 것이다.

또 이런 실례도 있다.

어느 병원에서 두 사람의 여성이 어린이를 간호하고 있었다. 한 여자는 그 아이의 어머니, 다른 또 한 사람은 간호사였다. 두 사람 모두 헌신적이었음은 말할 것도 없었지만, 혈액 상태를 조사해 보니 재미있는 사실을 알게 되었다.

아이의 병세가 좋아졌을 때는 두 사람 모두 약(弱) 알카리성을 나타내고 있었으나, 아이의 병세가 나빠지자 어머니의 혈액은 강한 산성으로 기울어졌다. 그런데 간호사는 거의 정상적이었다. 이것은 아이의 어머니 쪽이 병에 관해서 보다 민감하다는 것을 증명하는 것이지만, 간호사가 결코 냉담하다고는 말할 수 없다. 마찬가지로 걱정하고 열심히 간호하고 있어도 마음의 미묘한 움직임은 이처럼 육체에 정직하게 나타나는 것이다.

또 다른 예. 초콜렛을 좋아하는 일곱 살 난 아이가 어머니의 눈을 속이고 높은 곳에 올려놓은 초콜렛을 몰래 내려서 먹었다. 이 사실을 알게 된 어머니는 그 아이에게 손을 들어 벌을 서게 하고 초콜렛이 보이는 곳에 앉혔다. 그 아이는 좋아하는 초콜렛을 눈앞에 두고도 먹지 못하고 그와 같은 괴로운 환경에서 달아날 수도 없는 상태에 놓여지게 되었던 것이다.

그 아이는 무척 괴팍스러웠기 때문에 몇 번이나 초콜렛을 훔쳐먹었고, 그럴 때마다 벌을 서게 되었다. 그랬더니 그 아이의 온몸에 홍역(紅疫)과 같은 발진(發疹)이 나타났다. 이것은 먹고 싶은 것을 먹지 못하는 억울함과 벌을 받는다는 사실로 인한 불안, 분노 등이 심신 양면에 영향을 준 결과이다. 그런데 의사의 충고로 그 벌을 중지하자 발진 증상은 없어지게 되었다 한다.

스트레스와 잘 어울려라

성인병이라고 부르는 병은 대개 심인성(心因性), 다시 말해서 '마음의 상태'의 좋고 나쁨에 따라서 크게 좌우되고 있다.

****

일상 생활이 불규칙해서 곤란한 사람이라도 병이 나지 않는 사람도 있으며, 일년 내내 자기 몸에 남달리 조심하고 있는 데도 앓기만 하는 사람도 있다. 과연 이것은 신체가 건강한가 건강하지 않은가 하는 육체적 조건의 문제일까. 물론 태어날 때부터의 체질이나 유전인자도 무시할 수는 없다. 그러나 대부분의 경우는 그 사람의 마음가짐, 기질, 성격에 관계된다고 해도 좋을 것이다. 이를테면, 화를 잘 내는 사람은 혈관이 팽창하거나 수축하거나 하기 때문에 고혈압이 되기 쉽다. 너무 돈에 집착하는 사람도 다분히 위장 장해와 관계가 없다 할 수는 없다. 또 키가 작아서 내향적인 사람, 근심이 많은 사람은 그러한 기질이 재앙이 되어서 성인병에 걸릴 가능성이 매우 높다.

앞에서도 말한 바와 같이 교류분(交流分析)으로 말하자면, 자타부정(自他否定)의 타입, 타자부정(他者否定) 타입의 사람은 평소의 생활과 관계없이 성인병 예비군이라 해도 과언은 아닐 것이다.

비록 같은 환경의 조건, 같은 생활 태도라 할지라도 긍정 인생형(肯定人生型)과는 건강 상태에 커다란 차이가 생기게 된다.

이 사실은 최근의 스트레스 학설이 어째서 그런가를 밝히고 있다. 원래 스트레스라는 용어는 기계공학 분야에서 사용되고

****

있던 것으로서 일종의 '비뚤어짐'을 말한다. 이것을 심신의학에서는 인간의 마음에 적용하였다. 다시 말해서 외계에서 가해진 여러 자극으로 인해서 체내에 생긴 '비뚤어짐'을 '스트레스 상태'라고 하는. 것이다.

스트레스가 생기게 되는 요소(작용 인자)를 스트레스서(stresser)라고 하는데, 현대인은 이 스트레서의 홍수 속에서 살고 있다고 해도 좋을 것이다. 인간이 스트레스 상태에 있게 되면 어떠한 증세가 나타나는가. 이것은 사람에 따라서 여러 가지이겠지만 일반적으로 말하자면, 초조한 태도, 침착하지 못한 것 등이다. 이러한 상태는 건강이나 미용에도 좋지 못하며, 이런 상태가 오랜 동안 계속되면 병의 원인이 된다. 다시 말해서 사회 생활을 하는 사이에 받게 된 마음의 홈집이 육체에 악영향을 끼쳐서 그것이 또 마음에 영향을 미치게 되는 것이다.

한편 그와 반대되는 이야기도 할 수 있다. 마음의 홈집이 낫게 되면 병이 그자리에서 나아버리는 것이다. 남프랑스의 툴루드는 카톨릭 신자들의 유명한 성지(聖地)이다. 이곳을 방문하면 난치병 환자도 곧 회복된다고 한다. 이것이 툴루드의 기적이라고 하는 것인데 이것은 아무것도 이상한 것이 아니다. 인간의 신체는 본래부터 그와 같이 되어 있는 것이다. 다만 그것을 의심스런 눈초리고 보느냐, 마음 속으로 참되게 믿느

냐에 따라서 하늘과 땅의 차이가 생기는 것 뿐이라는 이야
기다. 밀가루를 진통제라 하고 먹이면 정말로 아픈 것이 나
아버린다. 소위 의사약(醫師藥)의 실험으로도 이것을 알 수
있다.

　현대를 스트레스 시대라 한다. 특히 도시에서 살고 있는
사람들은 스트레스를 피할 길이 없다. 최근 신문을 떠들썩하게
하고 있는 아이들의 자살 소동도 학교나 가정에서의 교육에
문제가 있다 하겠지만, 이것은 넓은 의미에서 사회 전제가
자기 콘트롤 실조 상태에 빠져 있다는 것을 시사하고 있는
것이라 할 수 있다. 말하자면 스트레스는 모두가 마이너스로만
작용하는 것이 아니고, 적절한 스트레스가 유익하게 작용하는
수도 있는 것이다. 어찌되었든간에 스트레스와는 잘 어울리는
것이 필요하다.

3. 마음의 평정과 잠재능력

명상(冥想)의 효과

메디테이션(meditation), 다시 말해서 명상(冥想)의 효과란 현실 생활에서 일어나는 수많은 스트레스 상태를 해소하고, 마음의 평정을 되찾는 일이다. 마음의 평정을 되찾게 되면 몸과 마음의 자연치유력(自然治癒力)이 늘어나서 세상과의 일치감을 얻게 된다. 다시 말해서 잠재능력이 생생하게 움직이는 것이다. 이것은 신비로운 사건이라기보다는 오히려 생리학적인 사실이다.

이 사실은 과학적으로도 연구되어 해명되고 있다. 종교에서의 기도나 명상에 의해서 정신 상태가 바람직한 상태에 놓이게 되면 알파(α波)파라 부르는 뇌파(腦波)가 흐른다. 이 파(波)가 강하게 안정되어 있을수록 마음의 상태는 좋아져서, 최근에는 α파를 측정하면서 심신증(心身症)을 치료하는 장치까지 나와 있다.

NHK의 다큐멘터리 프로에서 '80년대의 불황 시대'라는 제목 아래, 현대의 기업 가운데 어떠한 회사가 성장하고 상승 성적을 올리고 있는가를 방영한 것을 보았다. 그 가운데서 성장 기업의 톱 클라스의 회사는 회사 안에서 노래(사가〔社歌〕)를 부르고 있는 회사, 다른 하나는 신앙을 가지고 있는 회사였다. 이 두 가지 특색은 크게 수긍이 가는 바가 있다.

먼저 통합, 조화, 마음의 평화, 사상의 일치, 스트레스의 해소, 즐거운 마음 등이 공통점이라고 할 수 있다. 세계 어느 민족의 역사를 들쳐보아도 반드시 거기에는 노래 소리가 들려온다. 옛날부터 오늘에 이르기까지 우리 인류는 즐거울 때나, 고통스러울 때, 슬플 때, 그럴 때마다 노리를 불러가며 문화를 구축해 나온 것이다.

새로운 역사의 회전도 문화의 발전도 노래로부터라고 하는 사람도 있다. 불교의 경전(經典)만 해도 거기에는 음악적 리듬이 있고, 기독교에는 찬송가가 있다. 노랫소리나 기도하는 리듬에는 무엇인가 까닭 모를 커다란 힘이 있다는 것을 인간은 본능적으로 알고 있었나보다. 아무튼 현대의 불황 세대를 반영하는 것이라 할지라도, 기업 발전의 원동력이 되고 있는 것은 비지네스의 노력보다도 그에 따르는 인간의 마음의 문제에 있다는 것은 한 번 생각해볼 가치가 있는 것이 아닐까?

아침 저녁, 사가를 부르는 회사, 명상하는 회사, 전원이 사시(社是)를 합창하는 회사, 신앙적인 말을 전원이 합창하는 회사……. 이러한 일들이 릴랙스를 낳고, 스트레스를 해소시키고, 망아(忘我)의 에너지를 낳는 것이다. 진보적인 경영자일수록 이러한 일들을 경시하기 쉬우나, 인간의 잠재능력이라는 것을 생각했을 경우 이 다큐멘터리에서 시사하는 기업의 성장 이유는 지극히 당연한 것이라 하겠다.

J. 머피 박사의 '자면서 성공한다'라는 제목의 명저가 있다. 보통 이러한 일을 성취하는 것은 노력의 결과로 생각하기 쉬우나, 머피 박사는 '자면서……'라 하여 세상을 깜짝 놀라게 하였다. 그러나 잠재의식, 잠재능력의 힘을 알고 있는 사람에게는 조금도 이상할 것이 없다. 오히려 당연한 것이다.

일찍이 위대한 일을 성취한 사람의 대다수는 묵상(默想), 명상을 해서 마음의 평정을 얻은 연후에 행동을 시작했던 것이다. '자면서……'란 의미는 일상 생활 가운데에서 여러 가지 자극이나, 의식을 받으며 살다가는 좀처럼 마음의 평정을 얻을 수 없어서 잠재능력이 잘 활동하지 못한다는 것을 밝히는 것이 아닐까?

잠재능력을 잘 살리기 위한 잠자는 벙법에 관해서 머피 박사는 이렇게 이야기하고 있다.

"먼저 취침하기 전에 전신의 긴장을 풀어야 하겠지요. 오른쪽 다리의 발끝에서부터 발목, 무릎, 넙적다리로 점점 위를 향해서 '이제 긴장이 다 풀렸구나' 하고 마음 속으로 말해주는 것입니다. 오른쪽 다리가 끝나면 이번에는 왼쪽 다리를 같은 방법으로 시작합니다. 다음은 장, 위, 심장, 폐, 목, 입, 코, 눈, 머리의 순서로 '이제 긴장이 다 풀렸다' 하고 말해주는 것입니다. 인간의 신체는 이러한 지시에는 놀라우리 만큼 반응이 빨리 오는 것입니다. 그리고 마음에 대해서 자기가 원하는 것을 달성한 상황을 상상하거나, 혹은 그것을 말로 하거나, 해보는 것입니다. 또 아침에 잠에서 깨어난 즉시 자기 마음이 원하던 일이 이루어진 상태를 머릿속에 그리고 그것을 말로 되풀이한 다음 일어납니다. 이와 같이 낮이나, 오후에도 같은 법법을 되풀이하면 좋을 것입니다. 혼자서 느긋하게 앉을 수 있는 안락의자가 있으면 더욱 이상적입니다. 정말로 잠을 자지 않아도 좋으니 몽롱한 기분이 되어서 소망이 이루어진 상태를 상상하고 그것을 되풀이하는 것입니다."

다시 말해서 신체의 긴장을 완전히 풀고 마음의 안정을 되찾고, 그리고 나서 자기의 이상상(理想像)을 추구하면 잠재능력은 잘 작용하게 된다는 말이다. 이것은 말하자면 '명상을 권하는 것'이다. 현대인은 바쁘기 때문에 일부러 어딘가에 멀리 가서 명상의 장소와 시간을 갖는다는 것은 좀처럼 쉬운 일이 아니다. 그러나 어떠한 인간이라도 하루에 한 번은 잠을 잔다. 이 한때야말로 잠재의식에 좋은 소식을 보내줄 수 있는 기회라는 말이다.

이와 같이 명상이란 마음의 긴장을 제거하고 편안함을 되

****

찾는 데에 절대적인 효과가 있는 것이다. 당신이 지금 어떠한
상태에 있더라도 자기의 일상 생활에 명상하는 시간을 갖고,
이것을 습관화할 수 있다. 이 잠재능력은 당신이 소망하는
일을 위해 기쁜 생각으로 작용해줄 것이다.

릴렉스(relax) 정신을 갖자

　명상과 깊은 관련이 있는 것이 일상 생활에 있어서 릴렉스
정신을 갖는 일, 이것도 잠재능력의 활용에 있어서는 지극히
중요한 일이다.
　깊이 생각하거나, 곰곰이 번민하고 있을 때에는 좋은 생각은
떠오르지 않는다. 잠재능력이 생생하게 활동하는 것은 그 사
람이 마음의 밑바닥으로부터 릴렉스한 상태로 되어 있을 때
이다. 따라서 우리들은 좀더 릴렉스의 효과를 재인식하지 않
으면 안 된다.
　한때, 워크 홀릭이라는 말이 유행하였다. 노동 중독(勞動
中毒), 다시 말해서 지나치게 노동하는 것을 말하는데, 어쩐지
우리들은 일하는 것에만 열심이고, 휴양의 가치를 경시하는
경향이 많다. '근면'은 미덕이고, '오락'은 악덕이라고까지는
말하지 않더라도 일을 잘하기 위한 '휴식' 정도로 밖에는

****

취급되지 않는다. 어디까지나 조미료적인 평가에 지나지 않는다.

그러나 휴양이나 오락이라는 일에는 좀더 커다란 목적과 의의가 있는 것이다. 그것은 정신 상태의 릴랙스라는 것이다. 일요일이 되면 가족들을 이끌고 유원지에 나가 지칠대로 지쳐서 돌아오는 것은 진짜 레저 정신이라고는 말할 수 없다고 생각한다.

종교를 가진 인간이 그렇지 않은 인간보다도 마음의 평안을 많이 얻고 있다는 사실은 잘 알려져 있는 사실이다. 이것은 일상 생활에 있어서의 릴랙스에도 연관되는 것이다. 신이나, 부처와 함께 있다 하는 안도감이 주는 릴랙스한 마음, 평화로운 기분은 '마음의 평정'과 '충실감'의 상태를 만들어내는 동시에 잠재능력을 보다 잘 활용하게 한다. 그러기 때문에 신앙을 가진 자는 행복한 것이다. 이 사실은 무엇을 신앙의 대상으로 하느냐에 관계없이 뚜렷한 사실로 존재하고 있다. 나는 종교의 신자가 되기를 권하고 있는 것이 아니다. 세상을 둘러보면 아마 헤아릴 수 없을 만큼 종교라는 이름이 붙은 단체는 많이 있을 것이며, 어느 것이 옳고 어느 것이 그른지는 나도 잘 모른다.

아마도 그것은 교의(敎義)에 있어서의 고저잔심(高低淺深), 다종다양(多種多樣)이 아니겠는가.

그러나 신앙인의 정신 생활이나 거기에서 생기는 안정된 생활 태도를 목격할 때, 무엇인가 자기에게 소중한 것, 믿어서 만족한 것을 가져야 하지 않겠는가 하는 생각이 든다. 아무리 명성을 떨치고, 돈을 많이 벌고, 사람들이 아첨한다고 해도 참으로 자기가 믿을 수 있는 것을 가지지 못한 인간은 어딘가 침착하지 못하다. 참된 안정(安定)이 없다. 어딘가 공허한 곳이 있는 법이다. 이것은 마음이 결코 릴랙스하지 못하기 때문이다.

만약 종교를 믿지 못하겠으면 자기가 믿고 싶은 것이라면 아무것이라도 좋다. 그것은 자기의 목표라도 좋고, 자기 가족의 행복이라도 좋다. 종교만이 믿는 대상은 아니다. 이를테면 종교를 믿지 않는다는 것도 훌륭한 신앙인 것이다. 공산권의 사상 따위가 이에 해당할지도 모른다. 어찌 되었든간에 아무것이라도 좋으니 마음이 흔들리지 않는 확고한 신앙, 신념의 대상을 갖도록 한결같이 노력하는 것이다. 그렇게 하면 목적이 뚜렷하고 늠름한 인간이 될 것이고, 또한 사소한 일로 인하여 결코 동요하지 않게 된다. 동요하지 않는 자기 자신을 알았을 때, 비로소 릴랙스한 마음을 가질 수 있는 것이다. 잠재능력은 릴랙스한 정신 상태로 생생하게 활동하기 시작할 것이다.

오늘날 정보시대 사회의 한 특색은, 사람들이 '다른 사람과

****

같게 행동한다'는 데에 있는 것 같다. 정보의 홍수가 사람들을 그렇게 만들고 있다. 그러나 이것은 겉으로만 그렇다. 휴일에 가족과 함께 유원지로 놀러가는 것은 별로 나쁘지는 않지만, 거기에 자기의 본심에서 우러난 욕구가 없어서는 단순한 부화뇌동에 지나지 않는다. 남들과 같은 짓을 해서 안심하려는 정신으로는 영구히 안식을 얻을 수 없다. 대중 소비 사회는 사람들의 욕구를 끊임없이 자극해서 맹목적인 행동으로 치닫게 하기 때문이다.

자기를 잃어버린 사람들이 일으키는 비극, 이를테면 '골프 클럽에서 아무런 이유도 없이 어린이를 때려죽인 엘리트 회사원' '자동차가 팔리지 않는다고 낯모르는 유부녀를 찔러 죽인 세일즈맨' '정복 차림으로 호구 방문을 하다가 젊은 여성에게 난행을 하고 죽여버린 경찰관' —— 이런 사람들에게 공통된 결함이란 무엇인가? 그것은 릴랙스 정신이다.

잠재능력은 절대로 자기의 본색에 충실하기 때문에 엉뚱한 결과를 초래한 사람들이라 할지라도 잠재능력과 무관한 것이라고는 말할 수 없다. 잠재능력은 때로는 사람을 죽이고, 여자를 범하고, 자기 자신까지도 죽여버리는 것이다. 그러기 때문에 우리들은 언제고 그 본색의 부분에서 자기의 이상이나 소망에 충실하게 행동하지 않으면 안 된다. 그야말로 신이나 부처를 대하듯이 마음 속에서 정직하지 않으면 안 된다. 그

러기 위해서는 항상 릴랙스한 정신을 갖도록 노력할 필요가
있다.

스트레스 사회는 아마 앞으로도 급속하게 개선되지는 못할
것이다. 이토록 복잡다양한 사회 기구는 그 모순을 알게 되
었다 하더라도 일조일석에 뜯어고치기란 무척 어렵게 조직
되어 있다. 약의 해독 문제, 공해나 환경 파괴의 문제가 이토록
떠들썩한데도 그 해결이 지지부진한 현실을 보아도 이것은
분명하다. 그 해결은 각자가 그런 마음이 되어 인간 누구나가
공통적으로 가지고 있는 아름다운 심정, 바람직한 사고 방식,
그것을 마음의 표면에 구현해 나가는 일이다.

그리고 지금 당장 할 수 있는 일, 그것은 자기의 마음가짐의
변경이며, 그에 따르는 생활 태도의 변경이다. 한 사람이라도
더 많은 사람이 그것을 알게 되었을 때, 세상은 좋은 방향을
향하여 급속하게 전환될 것이다.

자기 암시(暗示)로 완고한 마음은 달라질 수 있다

인간은 누구나 나이가 들면 완고해진다고 한다. 젊은 시절
에는 융통성이 있고, 사고(思考)도 부드러웠던 사람이 어느
사이에 '완고한 마음'의 주인공이 되어버린다. 남의 말을 전혀

****

받아들이지 않거나, 또는 상관도 없는 일에 대해서 제삼자가 참견하려 든다면 '저 사람도 늙었군' 하고 욕을 듣게 된다.

완고한 마음의 소유자는 유독 나이만의 문제가 아니라 젊은 사람도 간혹 그런 것을 볼 수 있는데, 어찌 되었든 유연성을 잃은 상태는 바람직하지 못하다. 그것은 자기 콘트롤을 할 수 없는 상태이기 때문이다.

그래서 완고한 마음을 풀어놓는 방법으로 심리학 용어에 '태도변용(態度變容)'이라는 말이 있다. 이것은 인간의 태도가 내적 혹은 외적인 요인에 의해서 변화하는 것을 말하며, 특히 새로운 정보를 받으면 이전의 태도와는 반대 방향으로 변화된 경우에 쓰이는 수가 많이 있다.

일반적으로 말해서, 인간은 어떠한 경우에 태도 변용의 현상이 나타나는가 하면,

① 최면이나, 암시의 반복
② 조직·권위자의 요청
③ 집단 결정
④ 설득적인 커뮤니케이션

등을 들 수 있다. 이 가운데, ②, ③, ④는 남이라는 존재를 필요로 하지만 ①은 혼자서도 할 수 있는 것이다. 다시 말해서 자기 최면(自己催眠) 또는 자기 암시(自己暗示)를 말한다.

****

만일 당신이 현재의 심적 태도, 마음가짐이 바람직하지 못하다고 생각한다면, 그것을 바꾸려고 생각한다면 자기 암시를 해보기를 권한다.

자기 암시란 별로 어려운 일이 아니다. 이를테면 여기에 한 사람의 샐러리맨이 있다고 하자. 그는 게으름뱅이라서 회사의 간부나 동료들로부터 잘 보이지 못했다. 그는 당연히 출세도 늦어져서 평사원으로 끝날 것 같았다. 그 원인은 게으름에 있었던 것이다. 그 자신도 그것을 잘 알고 있었다. 그러나 한 번 몸에 배어버린 습관은 좀처럼 바뀌어지지 않는다. 이런 경우에 과연 어떻게 하는가 하면, '자기는 부지런하다' 혹은 '동료들이 알아준다' 하는 자기 암시를 건다. 이것은 말하자면 의도적인 자기 암시이지만, 이것을 항상 머릿속에 생각하며 반복하는 사이에 정말로 그렇게 되어버린다.

'그렇게 간단하게…….' 하고 생각하는 독자가 있을지도 모르겠으나, 인간의 뇌조직으로 말하더라도 이것은 옳은 것이다. 몇 번이고 반복해서 그렇게 생각하다 보면 그런 상념은 대뇌피질 세포에 기억되어 끝내는 '그렇게 생각하는 자기' 로서의 행동으로 나타나게 된다. 이런 행동은 어느새 조건반사적이라 할 수 있는 것으로서 게으름을 피우려 생각하고 있어도 어느 사이엔가 부지런한 사람이 되는 것이다.

이러한 자기 암시를 이용한 심신의 릴랙스법이 현실에도

****

.

있다. 이것은 독일의 정신과 의사 슈르츠 박사가 고안한 것으로서 '자율훈련법(自律訓練法)'이라고 부른다. 지금으로부터 약 40년 전에 고안된 것인데 너무나도 간단했기 때문에 여우에 홀리기라도 한 것처럼 생각되었던지 당시의 학계에서는 인정을 받지 못했었다.

그것이 어떤 방법인가 하면 아주 간단해서, '오늘은 머리가 개운해서 기분이 좋다', '심장이 잘 움직인다', '피로가 풀어지는 것 같다', '뱃속이 아주 편하다' 등등……. 자기 암시를 거는 것이 그 기본이다. 이런 어린애 장난 같은 것으로 무슨 효과가 있겠느냐 하고 신통치 않게 생각되겠지만, 이 자율 훈련법이 근자에 와서 재인식되어 심신증(心身症), 특히 우울증, 신경성 위장병의 치료 등에 이용되고 있다.

다만 이 방법도 효과가 있다고 솔직하게 생각해주는 사람에게는 절대적인 효과를 거둘 수 있지만 그런 것을 의심적게 생각하거나, 불신감을 가지고 있는 사람이라면 별로 효과가 나타나지 않는다. 최근에 와서는 의심이 많은 사람을 위해서 뇌파(腦波)를 사용한 자율 훈련법의 기계 장치까지 나와 있다고 한다.

어찌 되었든 완고한 마음을 부드럽게 하는 데는 자기 스스로가 '나는 완고하지 않다' '유연한 마음의 소유자다'라는 자기 암시를 걸면 된다는 것을 기억해주기 바란다.

****

종교와 명상(冥想)

종교의 세계에서는 명상이 깨달음을 얻기 위한 중요한 수행
(修行)으로 되어 있다. 불교에서는 명상을 '선정(禪定)', 혹은
'관법(觀法)', '직달정관(直達正觀)', '일념 삼천정법(一念
三千正法)'이라고 말하고 있다.

본래 종교의 종(宗)이란 근본, 근원이라는 의미로, '인생의
근본' '인간의 원점(原點)' '우주의 근본'으로 해석된다. 다
시 말해서 우주의 근본을 가르치는 철학, 학문이다. 인간이
무슨 목적으로 이 세상에 태어나서 어떻게 살아가면 좋은가를
가르치는 것이 종교라 해도 좋을 것이다. 말하자면 종교는
인간이 보다 잘 살기 위한 방법론, 실천론이다. 그것을 체득
하기 위해서는 명상이 필요하다.

어찌 되었든 종교의 깨달음의 경지에 도달하는 수행으로
명상이라는 것이 널리 채택되고 있는 것은 오늘날 우리들이
명상의 효과를 생각함에 있어서 참으로 흥미 깊은 일이라 말할
수 있다.

석가모니를 비롯해서 불교의 명승이라 부르던 사람들이
명상에 잠기고 깨달음을 얻게 된 예는 이루 헤아릴 수 없지만,
종교에서만이 아니라. 일례일도(一藝一道)에 빼어났던 사람
들이나, 성공자도 또한 명상에 의한 것이 컸다는 사실과 직

****

면했을 때, 거기에 한 가닥 광명을 찾아낼 수 있지 않을까.

위대한 종교인이 명상에 의해서 깨달음을 얻게 되었다고 해도, 그것만으로는 어딘지 수긍이 가지 않는 점이 많다. 또한 고래로 검호(劍豪)라 하는 사람들도 거의가 한 동안 산 속에 묻히거나 혹은 불문(佛門)에 들어가서 참선(參禪)하여 극의(極意)의 경지를 체험했는데 이것도 어딘지 인간세(人間世)와 떨어져 있는 듯한 느낌이 들어 속세의 우리들로서는 '아무래도 그렇게까지는…….' 하고 주저하게 될 것만 같다.

그러나 일예(一藝)에 빼어났다는 것, 사업에 성공하는 것이라면 우리들도 노력 여하에 따라서는 될 수 있는 것이다. 그리고 이러한 우리들로서도 할 수 있는 목적, 이상을 향해 도달하고, 그리고 번뇌하지 않고 성공의 행복을 잡기 위해서 명상이 도움이 된다면, 이것을 활용하지 않는 사람은 없을 것이다.

미국의 심리학자였던 애이브러햄 머슬로 박사는 그의 저서 《창조적 인간》이라는 책에서 이런 말을 하고 있다.

"과거의 위대한 종교인이 명상에서 얻어낸 계시적 체험(啓示的 體驗), 깨달음은 선택된 사람에게만 주어지는 것이 아니다. 본래적으로 인간에게 갖추어져 있는 속성이다."

머슬로 박사는 잠재능력이라는 말은 쓰고 있지는 않으나, 이것은 분명히 잠재능력을 말하는 것이다. 다시 말해서 우리

****

들도 명상에 의해서 잠재능력을 이끌어낼 수 있다면 그 나름대로 위대한 업적을 남기는 일이 가능하다는 것이다. 물론 우리들이 석가모니나, 그리스도나, 마호멧과 같이 된다는 것은 아니자만, 잠재능력의 힘에 의해서 스스로가 바라는 인생을 얻어내는 정도의 일이라면 충분히 할 수 있을 것이다.

실천적 명상의 권유

최근 명상이 젊은 여성들 사이에서 붐을 일으키고 있는 것 같다.

'살빼기', '아름다워진다', '건강해지다'고 하는, 여성으로서는 매력적인 효과가 있기 때문에 여성들이 열중하는 것도 당연하겠지만 적어도 화장이라든가 의상에 의해서 겉모양을 꾸미려 하는 것에 비한다면 요가나 명상에 대한 유행은 바람직한 일이라 할 수 있다.

요가란 원래 산스크리스트의 말로서 '맺는다, 결합한다' 상응(相應)한다' '재건한다'라는 말의 어원(語源)이며 유한한 인간의 무한한 정신을 명상에 의해서 결부하려는 훈련, 수행을 말하는 것이다. 결코 종교나 신앙이 아니니까 이것을 건강법으로 생각하든 자기 개발법으로 채택하든간에 그것은 본인의 자유이다. 다만 요가를 알게 됨으로써 명상의 가치 효과를 아는 일은 잠재능력을 어떻게 하면 살리느냐 하는 견지에서 대단히 중요하다고 본다. 요가의 엄격한 수행에 견 뎌낸 행자가 상식으로는 생각할 수 없는 능력을 몸에 익히게 되는 것은 잠재능력의 위대한 힘의 발현에 지나지 않기 때 문이다.

요가의 명상은 이런 방법으로 행한다. 먼저 언제 실천하느냐 하는 것인데 가장 적합한 것은 취침하기 전이나 아침에 일 어났을 때 실천하기도 쉽고 효과도 높다. 시간은 15분, 20분, 30분, 1시간 정도. 처음에는 오랜 시간의 훈련은 어려울지도 모르겠으나 시간에 구애될 필요는 없다. 그보다도 매일매일 빠짐없이 실천하는 것이 더 중요하다.

명상의 장소는 특별히 한정된 것은 아니다. 옛날 사람은 산 속에 묻혀서 지내거나, 땅굴 속에서 지내거나 했지만 현대에는 그럴 수가 없다. 자기의 방에서도 충분하다. 다만 될 수 있는 대로 조용하고 명상을 중단하지 않게 하는 것이 필요하다. 또 이제부터 명상에 들어가려 할 때 배가 부른 상태는 좋지 않다. 공복 상태가 효과적이다. 술이나 담배는 엄금한다.

그런데 이 정도의 조건이 갖추어자면 명상에 들게 되는 것이지만, 요가에서는 자세가 문제이다. 무릎을 꿇고 앉아서는 오랜 시간을 견디지 못한다. 그렇다고 해서 서있을 수는 없다.

가장 기본적인 세 가지 앉는 법에 대하여 예를 들어보자.

결가부좌(結跏趺坐)

파드마 아사나라 부르는 좌법(坐法)으로서 파드마란 연꽃, 아사나란 체입법(體入法), 다시 말해서 연꽃을 닮은 좌법이다. 먼저 두 발을 앞으로 뻗는다. 다음에는 오른쪽 발을 왼쪽 넙적다리 위에 올려놓고 왼발을 오른쪽 넙적다리 위에 올려놓는다. 그리고 나서 두 발을 복부 아래쪽으로 끌어당긴다. 다음에는 엄지손가락과 검지손가락을 깍지껴서 무릎 위에 놓는다.

반가부좌(半跏趺坐)

싯다 아사나. 싯다란 완전이란 뜻이다. '완전 좌법'이라고도 한다. 자기 콘트롤이나 창조력 양성에 적합하다. 결가부좌와 마찬가지로 두 발을 앞으로 뻗고, 왼쪽 발목을 하복부로 끌어당긴다. 다음에 오른쪽 발을 구부려서 오른쪽 발목을 왼쪽 발의 발꿈치 위에 올려놓는다.

반좌(盤坐)

수카 아사나. 편안한 좌법이라는 뜻. 보통 책상다리를 하면 된다. 다만 등뼈를 쭉 뻗고 무릎을 바닥에 댄다. 이런 좌법이라면 오랜 시간 견딜 수 있을 것이다.

명상하는 동안 무엇을 생각하느냐 하는 것도 효과를 노리기 위해서 중요하다. 본래에는 무아(無我), 무념무상(無念無想)

의 경지가 이상적이라 하겠지만, 처음에는 자기의 머릿속에 떠오르는 대로 내버려두면 된다. 그러는 사이에 상념이 정리되어서 너무 쓸데없는 일은 생각하지 않게 된다. 그렇게 되고 나면 자기의 이상, 목표, 소망을 의식적으로 묘사하게 된다. 그것을 무제한으로 풀이해서 실행하면 그 상념은 잠재의식에 보내져서 이윽고 잠재능력이 몸 안에서 솟아나게 되는 것이다. 아무튼 너무 어렵게 생각하지 말고, 단순하고 솔직하게 생각하는 편이 바람직스럽다. 무슨 일이든 실천하는 것이 첩경이다. 한 번 시험해 볼 것을 독자들에게 권하고자 한다.

창공훈련(蒼空訓練)

선(禪)이나 요가에 의하지 않고도 일상 생활 가운데서 누구나 할 수 있는 명상법을 소개하겠다.

이 방법은 나 자신도 실천하고 있으며, 또 사람들에게도 잘 권하고 있다. 대단히 효과적인 방법이라고 생각한다.

우선 눈을 감아주기 바란다. 눈을 감고 나면 자기의 머릿속에 창공이 떠오르게 하는 것이다. 만약 창공이 잘 떠오르지 않으면 맑게 개인 날의 창공을 연상하고, 그리고 나서 눈을 감고 그 색깔을 생각해본다. 이것을 몇 번이고 계속 되풀이

★★★★★★★★★★★★★★★★★

하며 눈을 감고 **빠른** 시간 내에 창공이 떠오르도록 연습하는 것이다. 이것이 우선 첫걸음이다.

창공의 캔버스(canvas)가 자기의 머릿속에 떠오르게 되면, 이번에는 그 창공에 자기의 이상으로 생각되는 상태를 거기에 그리는 훈련을 한다. 처음에는 잡념이 뒤섞여서 좀처럼 되지 않을 것이다.

샐러리맨이 '샐러리맨을 탈피하여 독립된 회사를 경영하고 으젓하게 사장 자리에 앉아서 사원들이 활발하게 일하고 있는 모습을 그려보자'라고 행각해도, '어저께 상사로부터 꾸중을 듣던 상황'이나, '월급이 적다고 투덜대던 아내의 얼굴'이 나타날지도 모른다. 그러나 그런 일로 결코 좌절해서는 안 된다. 어차피 상상의 세계가 아닌가. 다른 사람은 절대로 알 수 없는 자기만이 간직하고 있는 비밀의 세계이니 마음껏 욕심을 내어 자기의 이상향을 추구해주기 바란다.

그런데 이 훈련은 특별히 지정된 장소에서 할 필요는 없다. 밤에 이불 속에서 잠들기 전에 잠시 2, 3분이라도 좋다. 아침에 일어나기 전의 몇 분 동안, 출근길의 전차 속에서라도 좋다. 혹은 다방에서 커피를 마시면서도 가능할 것이다. 다만 사람이 곁에 있으면 어쩐지 하기가 쑥스러워질 테니까 혼자 있을 때가 좋다.

몇 번이고 이것을 되풀이해서 자기의 이미지가 마음대로

****

그려지게 되면 그것을 뒷받침하는 의미에서 이번에는 자기 암시를 건다. 이를테면 이런 식으로……

"나는 끈기있는 남자다. 남들도 틀림없이 그렇게 생각할 것이다. 무슨 일이고 이겨낼 수 있다. 그러기 때문에 나의 미래는 화려하다. 내게 불가능은 없다."

"나의 잠재능력은 내 생각대로 움직여주고 있다. 나의 소망은 잠재의식에 빠짐없이 보내지고 있다. 아, 눈에 선하다."

"오늘 하루는 무사히 지냈다. 모두가 순조롭다. 잘 안 되는 것으로 보이는 것도 그저 그렇게 보일 뿐이고, 결과적으로는 나의 나날의 모든 상념이나 행동은 내가 바라는 미래의 실행을 향해서 한 발, 한 발 나가고 있다. 나는 지금 모든 것에 감사하고 싶다."

항상 자신을 가지고 잠재의식에 이야기한다. 이런 습관에 익숙해진다면 당신은 확실히 화려한 미래를 장악할 수 있을 것이다.

그러면 이 장(章)을 간추려서 이 창공 훈련과 자기 암시를 완전한 것으로 하기 위한 여섯 가지 법칙을 소개하기로 한다.

법칙 ① ── 절대로 부끄러워하지 말라

상상의 세계에서 일어나는 일들을 타인은 절대로 모른다. 그러기 때문에 아무리 황당무계한 일이라도 남이 듣는다면 바보로 취급하는 일이라도 하더라도 자유롭게 마음껏 그릴 수 있을 것이다. 상상 속에서 부끄러워만 하고 있다면 당신의 본심은 나타나지 않는다. 부끄러워 말고 생각나는 대로 그려 보는 것이 중요하다.

법칙 ② ── 말은 긍정적으로

자기 암시를 걸 때 말은 반드시 능동적으로 하지 않으면 안 된다. 만일 암담한 말, 부정적인 말이 나오게 되면 구름을 빗자루로 쓸어내듯이 최종적으로는 그것을 지워버리는 결론을 생각할 것.

법칙 ③ ── 현재진행형으로 이야기하라

지금 경제적으로 핍박한 사람이 '나는 부자다'라고 묘사하는 것은 너무나도 현실과 격리되어 있다. 자기 자신은 아무리 마음 속에서 생각하려 해도 이것은 무리일지도 모른다. 그럴 때는 현재진행형으로, 이를테면 '나는 부자가 되어가고 있다'는 식으로 묘사하는 것이다. 이것은 사실이고, 또 정확한 표현이기 때문에 잠재의식은 쾌히 받아들일 것이다.

법칙 ④ ── 처음에는 단순하게, 다음에는 점점 구체적으로

잠재의식에 상념을 들여보내기 위해서는 될 수 있는 대로 단순한 일이 좋다. 어느 여성을 좋아하면 '마음에 든다. 결혼했으면…….' 하는 정도로 족하다. 차차 그 여자를 아내로 맞이하고, 그리고 나서부터의 생활 계획 등은 상세하고 구체적으로 그려나간다. 완전히 그릴 수 있게 되었을 때, 그 소망은 이루어지는 것이다.

법칙 ⑤ —— 되풀이하는 것을 잊지 말라

어느 한때 문득 생각했을 뿐, 뒤에는 까마득하게 잊어버린다면 어떠한 일이라도 실현되지 않는다. 같은 일을 몇 번이고 되풀이하면서 그려본다. 횟수가 많으면 많을수록 잠재능력은 활발하게 움직이는 것이다.

법칙 ⑥ —— 1인칭으로 이야기한다

2인칭, 3인칭으로 이야기해서는 잠재의식은 기능을 발휘하지 못한다. 남의 일이기 때문이다. 자기의 잠재의식에 대하여 이야기하는 것이기 때문에 '나는…….'이라고 1인칭이 아니면 안 된다.

이상 여섯 가지 법칙을 실천함에 있어서 생각만으로는 용이하게 정리되지 못할 경우에는 목표, 희망, 소원 등을 시각으로 영상화하기 위해서 글로 써보고, 그림으로 그려서 평소에 눈에 잘 뜨이는 곳에 붙여놓기를 권한다.

****

이를테면 침실의 기둥, 천장, 화장실, 세면장의 거울, 언제나 가지고 다니는 수첩이나 노트의 표지, 또는 차 안의 눈에 잘 뜨이는 곳에 말이다.

****

제 5 장 요약

◉——— 잠재능력을 발휘해서 스스로 생각한 대로의 인생을 살고 싶다고 생
각하는 사람은 먼저 자기 자신을 콘트롤할 수 있는 인간이 되지 않으면
안 된다.

◉——— 잠재능력에는 정의도, 모럴도, 동정도 없다. 취급하는 방법 여하에
따라서 독이 되기도 하고 약이 되기도 한다.

◉——— 객관적인 자기 관찰과 분석의 훈련을 쌓을 것. 그렇게 함에 따라서
콘트롤하지 않으면 안 될 자기가 확실해진다.

◉——— 인간의 마음과 신체에는 서로 밀접한 관련이 있다.

◉——— 메디테이션의 효과는 현실 생활에서 일어나는 여러 가지 스트레스
상태를 해소하고 마음의 평안을 되찾는 데에 있다.

제 6 장
믿는 힘은 기적을 낳는다

****

1. 운명과 성공

운명은 스스로 개척하라

세상에는 운이 좋은 사람과 나쁜 사람이 있다. 무슨 일을 하든지 일이 잘 풀리고, 핀치에 몰려도 어떻게 해서든지 탈출하는 사람이 있는가 하면, 무엇을 해도 일이 잘 풀리지 않고 차례로 나쁜 일만 주위에서 일어나는 사람이 있다. 그러기 때문에 사람들은 곧잘 이런 이야기를 한다.

"저 사람은 운이 좋은 사람이야."

"그 사람은 참으로 운이 나빴어."

여기에서 야기하는 '운(運)'이란 아무리 본인이 노력해 보아도 아무것도 되지 않는 것을 말한다.

본인의 의지나 소망, 행동과는 관계없이 닥쳐오는 사건, 그것이 바로 '운'이라는 사고 방식이며 일반적으로 흔히 생각하는 '운'이다.

정말 그럴까? 운이란 어딘가에서 찾아오는 것이며, 좋건 나쁘건간에 그것은 본인으로서는 어쩔 수 없는 것이다.

운명론자는 이렇게 말할 것이다. "운명이란 인간에게 자기 또는 타인의 의지와는 관계없이 행복이나 불행, 기쁨이나 슬

****

폼이 찾아오는 현상(국어사전)이기 때문에 그야말로 운을 하늘에 맡기는 수 밖에는 없다. 마음가짐을 곱게 가져 행운이나 빌어라 ── ."

그러나 나는 그렇게 생각하지 않는다. 과연 운, 불운은 실제 문제로 있다. 운이 좋은 사람, 나쁜 사람도 있으며 운이 좋을 때, 나쁠 때도 있다. 그러나 운이란 그저 기다리고 있기만 하면 저쪽에서 찾아오는 것이 아니다. 그것은 스스로가 바라고 행동하는 데에 따라서 획득할 수 있는 것이다. 지금 당신이 불운한 상태에 놓여 있다면 그것은 당신이 그렇게 되도록 스스로 행동한 결과, 혹은 행동하지 않은 결과에 지나지 않는다.

그런 의미에서 운이란 스스로가 초래하는 것이다.

운에는 확실히 이상한 면도 있다. 아무런 죄도 없는 아이가 사소한 부주의로 인하여 크게 다치거나, 빌딩 꼭대기에서 추락했는데도 찰과상으로 그치고 마는 일도 있다. 별로 공부를 하지도 않았는데 알고 있는 문제만 출제된 덕분에 시험에 합격한 학생, 만전의 준비를 다하고 시작한 사업인데도 생각지 못했던 일로 실패하는 사람……. 이러한 예를 보고 있노라면 운의 이상함만이 눈에 띄어 노력이나 의지나 소망이라는 것이 허무하게 생각될지도 모른다.

그러나 이상하게 생각되는 이러한 현상도 일어날만 해서 일어나는 것이다. 이것을 '인과(因果)의 법칙'이라고 한다.

****

아무리 시시한 일이라 할지라도 그 배후에는 원인이 있다. 원인이 없고서는 아무 일도 일어나지 않는 것이다. 그리고 그 원인은 한 사람 한 사람의 상념이나 행동에 달려 있다.

이렇게 생각해 나가면 우리들의 운이라는 것은,

'어디서엔가 찾아든다.'

라고 타력본원(他力本願)이라 여겨서는 안 된다. 역시 스스로가 의도하고, 상상하고, 행동하는 바에 따라서 자력으로 행운을 쟁취하지 않으면 안 된다. 잠재능력은 스스로 행운을 획득하려고 노력하는 인간에 대해서는 그에 합당한 능력을 반드시 발휘하여주는 것이다.

구하면 얻어진다는 것을 믿어라

종교에는 기도가 따라다닌다. 어떠한 종교라도 '기도하는 의식'이 존재한다. 종교란 기도라 해도 좋을 정도이다.

그러면 기도란 무엇인가? 그것은 상상이다. 인간이 스스로 탐내는 어떤 상태, 다시 말해서 행복하게 되고 싶다, 건강해지고 싶다, 부자가 되고 싶다, 삶을 위해 힘쓰고 싶다, 이러한 여러 가지 형태의 소망을 기도라는 행위에 의해서 머릿속에 그리는 것, 이것이 기도의 본질이지만 그것은 이제까지 내가

내가 말해온 상상과 잘 닮았다는 것을 알 수 있으리라 생각
한다.

사람은 기도하는 것에 의해서 자기가 생각하는 것을 머릿
속에 그리고, 또 그 실현을 열렬히 바라고 있다. 그리고 그
소원이 열렬하면 열렬할수록 그것이 실현으로 향한다는 것을
위대한 종교인들은 알고 있었던 것이다. '이 정법 기도로 소
원하면 이루어지지 않음이 없나니……' 라고 확신하고 있었
던 것이다.

'두드려라! 그리하면 열리리라. 구하라! 그리하면 얻어
지리라.' 라는 성경 구절은 이 일을 잘 말해주고 있다.

자기가 무엇인가를 얻고 싶다고 생각하면, 먼저 구하지 않
으면 안 된다. 그리고 구하면 반드시 그것을 얻게 된다는 것을
믿지 않으면 안 된다. 과학 기술이 이만큼이나 발달한 오늘
날에 있어서도 아직껏 종교인들에게 받아들여지고 있는 배
경에는 과학 기술이 물건을 만들어내는 일에는 발달하였지만,
인생의 성공에 대한 노하우(know how)라 하는 것을 사람
들에게 별로 안겨주지 못했기 때문이다.

일단 잠재의식에 새겨진 일은, 이제까지 내가 누차 이야기한
대로 잠재능력 활용의 법칙을 지키는 한, 반드시 실현된다는
것을 믿어주기 바란다.

****

성공에 대한 이론을 받아들이는 방법

성공 이론이라는 것이 있다. 이를테면 미국의 SMI 이론. 이 이론의 골자로 되어 있는 것은 지극히 단순한 것이다. 즉 성공은 마음가짐의 결과라는 것이다.

마음 속에 그린 꿈이나 이상을 언제까지나 계속 지속하고, 그 실현을 믿어버리면 성공한다. 이러한 사고 방식은 말할 나위도 없이 잠재능력에 활용하는 이론이다.

SMI의 성공 이론은 젊은 시절, 보험회사의 세일즈를 해서 발군의 업적을 올린 폴 J. 마이어에 의해서 만들어졌는데 그 마이어는 이런 말을 하고 있다.

"참된 자기를 실현하는 것은 누구의 탓도 아니고, 환경이나 학력의 탓도 아니고, 당신 자신이라는 것입니다. 지금 당신의 내부에 잠자고 있는 것입니다. 어떻게 '잠자는 거인'을 각성하게 하고, 풍부한 인간의 능력을 발휘하게 하느냐, 여러 가지 습관화와 조건부로 억제되고 있는 자기를 소생시키느냐, 훌륭한 자기로 변화시키느냐…… (중략) …… 인간은 누구나가 생각지도 않았던 훌륭한 자기가 될 수 있는 것입니다. 성공 장치에 점화하는 열쇠가 모든 사람들에게 내장되어 있다는 것을 잊지 말아 주십시오. 그 열쇠는 당신 자신이 가지고 있는 것입니다."

****

'자기를 움직이는 힘 —— 마이어의 성공 법칙', '잠자는 거인'이 바로 잠재능력이라는 것은 더 말할 나위도 없다. 위대한 종교인들도, 위대한 성공자도 모두 '자기 자신이 가지고 있는 힘'을 믿고 이것을 활용하고 있는 것이다. SMI의 성공 이론은 미국에서 커다란 반향을 불러 일으켰으며, 우리 나라에도 수입되었으며, 이 이론에 의해서 성공을 거둔 사람은 적지 않다.

그러나 이 이론을 배워서 잘 알게 된 사람이라 하더라도 모두 다 성공한 것은 아니다. 아무리 SMI 이론이 성공 법칙으로 훌륭한 것이라 해도 그것만으로 모든 사람들이 성공할 수 있을 만큼 세상은 만만하지 않다. 그러면 이 훌륭한 성공 이론을 똑같이 배우고서도 A는 성공하고 B는 성공하지 못하는 이유는 무엇일까? 여러분은 이미 이것을 알고 있을 것으로 생각하지만, 그것은 A와 B의 '믿는 힘'에 차이가 있기 때문이다.

A는 마음 속으로부터 그것을 믿었다. 믿고 그것을 실행함으로써 잠재능력을 이끌어낼 수가 있었다. B는 SMI의 이론을 배웠기 때문에 현재의식의 영역에서는 납득이 갔다.

하지만 그것은 다만 B의 지식에 불과할 뿐이었다. 여기에서 지식과 지혜라는 문제가 생기게 되는 것이다.

지식과 지혜는 닮았으면서도 그렇지 않은 것이다. 지식이란 '아는 것', '이해', '알고 있는 내용'을 말하며, 다시 말해서 상황을 인식한 것에 지나지 않는다.

이에 대해서 지혜는 '사물을 판단하고 지식을 활용해서 처리하는 마음의 작용'을 말한다. 다시 말해서 지혜는 지식에 우선하는 것이다.

A와 B의 차이가 생긴 것은 이 지혜와 지식의 차이에 있다고 하겠다. 철학자 플라톤은 인간의 능력이라 하는 것을 세 가지 요소로 나누어 논술했는데, 그에 따르면 능력은 다음의 세 가지로 분해 할 수 있다.

① 동능력(動能力)
② 지능력(知能力)
③ 정능력(情能力)

동능력이란 '된다', '가능'이라는 것으로서 알기 쉽게 말하자면 물리적 조건이다.

지능력이란, 지식.

정능력이란 정동(情動), 정서(情緖)를 가리킨다.

이 세 가지 요소가 간추려져서 비로소 인간의 참된 능력이 발휘되는 것이라 한다. 그리하여 인간의 지혜란 지능력과 정능력이 갖추어졌을 때 비로소 그렇게 부를 수 있다.

A, B 두 사람의 케이스로 말하자면 A에게는 지능력, 정능

력이 갖추어진 데 반해서 B에게는 지능력, 다시 말해서 지식밖에는 없었다. 믿을 수 없으면 정능력이 결여되고 결국 모든 것이 백과사전적인 것이 되어버린다.

예로부터 '말뚝도 믿기에 따라서'라는 말이 있다. 이것은 믿는다는 것의 소중함을 설명하는 것이다. 빗나간 말은 아니지만 약간 난폭한 비유일 것이다. 사실 인간이 믿는 어느 대상은 그렇게 시시하고 값싼 것이 아니다. 그러나 인간은 자기실현에 이른는 법칙을 이러한 비속한 말로 이야기하고 있다고 생각한다.

아무리 성공 이론에 대한 책을 사들여서 그러한 지식으로 머릿속이 꽉 차있어도 성공하지는 못한다.

성공 이론은 무엇이라도 될 수 있는 만병통치의 약은 아니다. 감기에 걸렸다 해서 10여종의 약을 한꺼번에 먹었다면 어찌 되겠는가? 감기도 낫지 않고, 약의 부작용으로 육체가 부대끼는 것이 고작일 것이다. 성공 이론도 이와 마찬가지라 할 수 있다.

어떠한 성공 이론도 그 나름의 진실과 유익한 지식이 들어있다. 질의 고저, 혹은 읽는 사람의 자질에도 문제는 있지만 어찌 되었든 믿지 못한다면 아무 쓸모도 없는 것이다.

또 믿는 것에 따라서 필연적으로 행동이 가능하게 될 수도 있는 것이다. 그리고 행동에 따라서 새로운 믿음을 찾고, 새

****

로운 믿음은 또한 확실한 행동의 실천을 낳게 되는 것이다.

또한, 성공 이론 따위는 전혀 몰라도 자기를 믿고, 미래를 믿고, 자기가 목표한 것을 믿을 수 있다면 성공은 꼭 돌아오는 것이다.

등용문(登龍門)의 전설

중국의 황하(姱河) 강 상류에 급류인 협곡 용문(龍門)이 있다. 물의 흐름이 사나워서 여기까지 온 고기는 더이상 이곳에서 거슬러 올라갈 수 없다. 그러나 한 번 이곳을 용케 거슬러 올라간 고기는 용으로 화하게 된다고 한다.

이것이 소위 용문 전설이다. 오늘날, 허다한 난관을 돌파해서 출세나 성공의 기회를 획득한 것이나 자격을 '등용문' 이라고 말하고 있다. 본래는 후한(後漢) 말기의 관료로 리야요(李膺)라는 실력자가 있었는데 이 사람의 눈에 들게 되면 출세, 성공은 틀림없었고, 이미 용문에 오른 것과 다름이 없었다고 한 데서 나온 말인 것 같다.

그것은 어찌 되었든 나는 이 등용문 전설을 좋아한다. 누구든 이 황하에 살고 있는 고기와 같아서 용문에 오를 수 있는 찬스는 만인에게 평등하게 열려져 있다고 생각되기 때문이다.

확실히 거센 물살을 헤치고 올라가기란 좀처럼 쉬운 일이 아닐 것이다.

그러나 일단 올라가기만 하면 고기가 용이 되는 것이다. 이것은 인간이 갖는 무한한 가능성이라는 것을 암시하는 것이 아닐까?

용이란 아마도 성공의 대명사인 모양이다. 그 용이 되려고 도전하는 것이다. 지금은 물고기이니까 보통 상식으로는 이 것은 불가능하다. 그렇지만 도전해 보는 것이다. 용문 아래서 한 평생 작은 물고기로 끝날 것인가, 아니면 용이 되어 하늘로 올라갈 것인가. 그것은 당사자의 자유이겠지만 나는 역시 자기의 한계선까지 도전해 보는 것이 참다운 인생이 아닐까 생각한다.

물고기가 용이 된다니 '멋대로 정하지 말라' 하고 생각했을 때, 그것은 영원히 불가능한 일이 되고 만다. 어떤 사람에게도 약점이나 열등감을 느끼고 있는 부분은 있는 것이지만, 그런 면만 늘어나다 보면 마이너스의 인생이 찾아들게 마련이다.

그와 반대로 아름다운 점, 장점을 늘릴 수 있다면 인생도 밝고 화려하게 될 것이다. 아주 작은 고기가 팔딱팔딱 뛰면서 용문을 오르려 한다면 큰 고기가 비웃을지도 모른다. '그렇게 작은 덩치로…… 주제 파악도 못하고'라고 말이다. 그러나 비웃고 있는 큰 고기는 도전할 생각도 하지 않고 있다. 그 어느 쪽이 인생으로 훌륭한가는 더 말할 나위도 없을 것이다. '공연한 노력은 할 필요가 없다'고 하는 사고 방식은 노력이라는 것이 성공의 요인이라고 생각하는 데에 커다란 착오가 있다. 방법만 틀리지 않는다면 잠재능력은 반드시 성공적으로 인도해주는 것이다.

좋고 나쁜 것에 상관없이 인간에게는 잠재능력이라는 신빈스런 힘이 있다. 그 힘은 당신을 어디로든 데리고 갈 수 있다. 행복하고 풍요로운 인생을 바란다면 잠재능력은 당신을 그런 방향으로 끌고 갈 것이다. 만약 당신이 아무것도 바라지 않는다면 잠재능력도 그대로 해줄 것이다.

당신이 불행하고 비침한 인생을 상상해버린다면 당신에게는 그런 방향의 인생이 찾아들 것이다.

·2. 잠재능력의 신비

현대인이 잊어버린 것

중처에 떠올라서 매일같이 비추는 태양, 교교한 달빛, 밤 하늘을 수놓는 헤아릴 수 없이 많은 별들, 그리고 우리들이 살고 있는 이 땅의 여러 가지 변화상(變化像) ······. 이 모든 것이 터무니도 없이 불가사의하며, 신비로운 것으로 비치던 인류의 조상들······.

그들은 거기에서 호기심을 싹티워 탐구, 연구, 창조하고 오늘날 문명 혹은 문화라 부르는 모든 것을 쌓아 올렸다. 말 하자면 오늘날의 문명과 문화의 원점은 우리 조상들의 눈앞에 전개되는 대우주에 감동하고. 신비로움을 맛보고, 호기심을 갖는 데 있다고 해도 좋을 것이다.

호기심이란 우리의 머릿속에 지식이나 정보가 부족한 것을 충족시켜 주려는 지적 탐구심이라고 말할 수 있다. 이와 같이 고도의 정신 활동, 지적 경향을 가진 동물은 인간을 빼놓고는 달리 없을 것이다.

인간은 이 호기심 덕분에 우주, 그리고 자연계의 수수께끼를 조금씩 해명하고. 사회를 만들고, 경제를 발전시킬 때, 다른 동물을 정복하게 된 것이다.

특히 근대라 부르는 수 세기 동안의 인류의 진보는 참으로 놀라운 것이어서, 만약 지금으로부터 2천년 전의 인류가 현대에 다시 나타난다면 그들은 거기에서 유토피이를 볼지도 모른다.

그 옛날에는 기도하는 것으로밖엔 대응할 수 없었던 질병이 그 자리에서 낫게 되고, 생사를 걸었던 식량의 확보는 질서 정연한 생산 체계 아래 행해지고 있다. 의복은 충분하고도 남을 만큼 있으며, 거주 공간의 위험성은 거의 없어졌다고 해도 좋을 것이다.

가혹한 대자연 속에서 살아나가기에는 필사적이었던 우리 조상들에게 현대의 인류 사회가 유토피아 혹은 천국으로 보였다 할지라도 이상할 것은 아무것도 없다.

그러나 우리들은 형대가 결코 유토피아가 아님을 알고 있다. 그것은 고사하고 과도하게 발달된 과학 기술의 피해에 시달리고 있다. 물질적인 풍요로움, 편리함, 쾌적한 생활이 있는 반면에 인류는 그 무엇과도 바꿀 수 없는 소중한 것을 잃어 가고 있다.

우리들이 잃어가고 있는 소중한 것, 그것은 무엇인가? 그것은 '내적(內的)인 자연'이라 할 수 있을 것이다. 주지하는 바와 같이 근대의 과학은 자연을 연구하고 거기에 법칙성을 발견해서 자연의 위협으로부터 스스로의 생명을 지키는 것을 주안점으로 삼아 왔었다.

그 성과는 매우 빛나는 것이지만 너무나도 외적인 자연에 시야를 빼앗겼던 결과 또 다른 광대한 자연, 다시 말해서 '내적인 자연'을 무시했던 것이다.

내적인 자연——그것은 인간이 본래부터 가지고 있는 훌륭한 능력을 말하는 것이다. 한 인간의 내부에는 거의 우주만큼이라 해도 좋을 정도의 능력이 숨겨져 있다. 이를테면 질병에 걸리게 되면 우리는 병원을 찾게 되고 약을 사지만. 병원이나 약이 질병을 고치는 것은 아니다. 인간이 갖고 있는 자연 치유력이 건강체를 되찾게 해주는 것이다. 병원이나 의약은 그 보조 역할을 하고 있는 데 지나지 않는다.

또한 여름의 찌는 듯한 더위 속에서도 사람의 체온은 외기의 온도와 마찬가지로 더 올라가지는 않는다.

용케 땀을 흘려서 조절한다. 겨울이 닥치면 피부의 혈관이 수축해서 열의 분산을 막아준다. 인간을 성공으로 유도하는 잠재능력의 작용도 이것과 똑같다고 생각하면 좋을 것이다. 우리들이 반드시 의식하지 않아도 잠재능력은 작용하고, 또 작용하려 한다. 그러나 사막 속에서 한 방울의 물도 마시지 않고 지낸다면 땀은 나오지 못하게 된다. 눈보라 속에서 장시간 있게 되면 동사하고 만다.

****

신체의 정교한 메카니즘에도 한계가 있는 것은 당연하다. 잠재능력을 유효하게 활용하지 않는 사람은 사막에서 물을 구하려 하지 않는 사람, 눈보라 속에서 탈출을 체념한 사람과 같다.

현대인들은 자칫 잠재능력이라는 내적인 자연을 잊기 쉬우나, 다시 한 번 처음으로 돌아가서 이것을 상기할 필요가 있다.

마음의 건전화와 For. you 정신

잠재능력의 원천이 되고 있는 잠재의식이라는 것은 인간의 마음 속 심층(深層)에 있어서, 본인 자신도 그것을 의식할 수 없지만. 그렇다고 해서 그 사람의 현재의식(顯在意識)과 관계가 없는 존재냐 하면 결코 그렇지 않다. 잠재의식과 현재 의식의 관계를 나는 앞에서 빙산에 비교해서 설명했는데, 이런 비유로도 알 수 있듯이 잠재의시과 현재의식은 불가분의 관계에 있다.

따라서 현재의식이 일그러진 상태로 있으면 그에 따라 주어진 잠재능력도 일그러진 형태로 나타나지 않을 수 없다. 그러므로 현재의식의 건전화라는 문제가 대두되는 것이지만,

이것은 바꾸어 말하자면 마음의 건전화라 해도 좋을 것으로
생각한다.

잠재능력은 본색에 충실하기 때문에 비록 아무리 자기를
잘 속일 수 있다고 해도 거짓은 통하지 않는다. 그러기 때문에
마음이 건전하지 않으면 자기가 생각하는 대로의 인생을 획
득할 수 없는 것이다.

그런데 인간의 마음이라는 것은 그림으로 그린 듯한 건전
함을 지니기 어렵다. 좋은 마음을 구하고 좋은 행위를 하려
하면서도 정반대의 일을 해버리거나, 사람을 미워하거나, 자
기에게 절망하거나 하는 것이 인지상정이다. 섣달 그믐날,
산사(山寺)에서 울리는 제야의 종소리는 108번인데 이것은
인간의 심신을 괴롭히는 번뇌의 수에 해당한다고 하니 여간
해서는 마음의 건전화란 어려운 것이다.

그래서 나는 자기의 마음을 속이지 않고 건전하게 가지려면
어떻게 해야 좋은가를 생각해 보았는데 결론적으로 'For
you'의 정신이 가장 좋다고 생각한다.

인간은 자기를 생각함에 있어서 이기주의에 빠지기 쉽다.
'For you' 정신이란 '남을 위하여 힘쓴다'는 정신을 말하
는데 남을 위해서 무엇인가를 해주는 마음의 상태란 참으로
건전할 것이다.

자기의 가족이나, 친구나, 인류 전체이든 대상은 아무래도

****

좋다. 본래 이 대우주 속의 한 존재에 지나지 않은 일개 인간에게도 생명체로서의 생을 받고 있는 한, 무엇이든 역할이 주어진 것이 아닐까?

인간에게 잠재능력이 있다는 그 자체에 그 역할의 존재를 상기하게 하는 것이 있다. 옛날 경전(經典)을 구하려고 천축(天竺 : 지금의 인도)까지 위험한 길을 떠났던 삼장법사(三藏法師)는 체력적으로도 특별히 좋은 것은 아니었다. 허다한 고난이나 숱한 비방에도 굴하지 않고 더욱 인생의 행복을 설법하고 사는 힘을 가르치며 부처님의 가르침을 널리 전하려는 일념이 그 소망을 이룰 수 있게 하였던 것이다.

기독교의 전도사도 한 사람이라도 더 많은 사람들에게 복음을 전하기 위해 세계 각처로 나가고 있다.

그 일을 위해서라면 목숨도 아까워하지 않는다.

우리의 현실적인 사실로 보더라도 이와 같은 일은 얼마든지 있다. 작업에 지쳐서 돌아와서도 사랑하는 연인에게 전화가 걸려오면 피로도 잊은채 뛰쳐나간다. 자식을 위해서라면 아무리 괴로운 일이라도 참을 수 있다. 다른 사람의 행복을 생각한다는 것은 세상에서 떠드는 만큼 장한 일은 아니다. 왜냐하면 그에 따라서 자기도 그 나름대로의 기쁨, 보람을 얻고 있기 때문이다. 오히려 자기 일만 생각하고 있는 인간은 불행한 인간이다.

****

그것은 망아(忘我)의 에너지라고 해서 나를 잊고 남이나 사회나, 나라를 위해서 힘쓸 때 자기 실현으로서의 **훌륭한** 지혜와 용기, 그리고 힘이 솟아나는 것이라고 말할 수 있다.

우리의 주위에서는 그러한 생활 방법을 가지고 있는 사람을 흔히 볼 수 있다. 그런 사람이야말로 행복하고 보람된 인생을 살고 있는 것이다.

인간은 본능적으로 사람과 사람간의 커뮤니케이션 속에서 유형 무형의 차변(借邊) 대변(貸邊)의 밸런스 감각 같은 것을 가지고 있기 때문에 남이 도와주면 나도 돕는다. 돈이 벌리면 갚는다. 갚지 못하면 다른 방법으로라도 어떻게든 하려 한다. 신세를 지게 되면 감사한다. 언젠가 기회가 있으면 그 사람에게 도움을 주려고 생각한다. 이것이 보통 사람의 마음이다. 그러기 때문에 'For you' 정신을 너무 설교식으로만 생각하지 말아 주었으면 하고 생각한다. 남의 행복을 생각하고 그를 위해 힘쓰는 일은 원인 결과의 법칙대로 그대로 당신의 성공에 이어지기 때문이다.

잠재능력의 신비

인간이 갖고 있는 잠재능력이라 하는 것은 과학이 발달한

****

오늘날에 있어서도 더욱 그 신비의 빛을 잃지 않고 있다. 같은 환경에서 자라나고 같은 노력을 기울이면서도 한 사람은 순풍에 돛을 단 듯한 인생을 살고, 다른 한 사람은 비참한 상태에 빠지게 된다. 사람들은 이것을 '운명의 장난'이라고 말하는지도 모른다. 그러나 그렇지 않다는 것을 독자 여러분은 잘 알 것이라고 생각한다. 두 개의 것이 동시에 같은 장소에 존재할 수 없는 것과 마찬가지로 성공과 실패도 동거할 수 없는 것이다. 행복과 불행도 역시 마찬가지이다.

사람이 행복하게 혹은 불행하게 되는 것은 모두 그 사람의 마음의 상태에 달려 있다 한다면, 우리가 할 수 있는 일이란 오직 하나 뿐이다. 다시 말해서 바람직한 마음의 상태를 만들어내는 일——그렇게 함으로써 잠재능력은 그 신비로은 힘을 발휘하기 시작하는 것이다. 마음의 상태와 잠재능력과의 관계는 이제 하나의 '법칙'이라고 해도 좋다.

이제 우리는 잠재능력의 존재를 알게 되었다. 이 사실을 단순히 지식으로 끝내서는 안 된다. 그 위대한 힘을 믿는 것이야말로 참된 의미에서 '알았다' 하고 말하게 되는 것이다. 알고, 믿고, **활용한다**——그렇게 되면 당신의 미래는 당신이 마음 속에 그린 대로 분명하게 될 것이다. 생각하기에 따라서는 이처럼 간단한 일은 없다. 다만 어려운 것이라면 그것을 믿을 수 있느냐 하는 것이다.

****

독일의 작가인 괴테는,

"신앙이란 보이지 않는 것에 대한 사랑, 불가능한 것, 있을 것 같지도 않은 일에 대한 신뢰다."

라고 말했다. 잠재능력이란 그 자체가 보이는 것이 아니고 언뜻 보아서는 있을 것 같지도 않다고 생각하는 사람도 많을 것이다. 그러나 일단 그것을 믿게만 된다면 거기에서 예상도 못할 만큼 강력한 파워가 생기는 일은, 확실히 신비롭기는 하지만 또한 부정할 수 없는 사실인 것이다.

일찌기 위대한 종교인들이 행했던 수많은 기적, 현실적으로 존재하는 초상현상의 세계, 이러한 세계의 사건들을 과학적으로 설명할 수 없다고 해서 부정해버릴 수 있을까.

최근 잠재능력은 여러 각도에서 연구되고 있지만 여전히 수수께끼 같은 부분이 있다는 것, 그것은 다름아닌 그 자체가 수수께끼와 신비라고 바꾸어 말할 수도 있을 것이다.

우리는 한 사람 한 사람이 우주 만큼이나 많은 수수께끼와 신비에 가득차 있는 존재라는 것을 알게 되면, 거기에서 무엇인가 용기와 지혜가 솟아나는 듯한 생각이 들게 될 것이다. 꿈과 희망을 가지고 그것을 향해 밝고, 끈기있고, 그리고 자신을 가지고 전진한다. 그렇게 하면 생각한 대로의 인생은 반드시 당신의 것이 될 것이다. 잠재능력은 반드시 그것을 당신에게 가져다 줄 것이다.

****

제 6 장 요약

◉——— 운이란 기다리고만 있으면 저편에서 찾아오는 것이 아니다. 그것은 스스로가 소망하고, 행동하기에 따라서 획득할 수 있는 것이다.

◉——— 당장 당신이 불운한 상태에 놓여있다고 한다면, 그것은 당신이 그렇게 되도록 스스로가 행동한 결과에 지나지 않다.

◉——— 원인이 없고서는 아무 일도 일어나지 않는다. 그리고 그 원인은 한 사람, 한 사람의 인간의 상념이나, 행동이 만들어내고 있다.

◉——— 사람은 기도하는 것에 의해서 자기의 생각을 머릿속에 그리고, 그 실현을 열렬하게 소원한다. 그 소원이 열렬하면 할수록 실현을 향한다.

◉——— 자기 자신이 무엇인가를 얻고 싶다고 생각한다면, 먼저 그것을 구하지 않으면 안 된다. 구하면 얻어지는 것이다.

◉——— 아무리 수많은 성공 이론의 책을 읽고, 지식이 머릿속에 가득차 있더라도 성공할 수는 없다. 믿을 수가 있다면 단 한 마디의 말로도 충분하다.

◉——— 고기가 용으로 바뀐다니 그것은 '제멋대로 지어낸 것'이라고 생각한 순간부터 그것은 영원히 불가능하다.

◉——— 싫고, 좋음에 관계없이 인간에게는 잠재능력이라는 신비로운 힘이 숨겨져 있다.

****

* 참고문헌 *

● 「인생에 승리한다 —— 머피의 성공 법칙」
—— 조셉 머피 저 ——

● 「당신도 부자가 될 수 있다 —— 머피의 성공 법칙」
—— 조셉 머피 저 ——

● 「인생은 기적을 일으킨다 —— 머피의 성공 법칙」
—— 조셉 머피 저 ——

● 「당신에게도 초능력이 있다 —— 머피의 성공 법칙」
—— 조셉 머피 저 ——

● 「머피 100가지 성공 법칙」
—— 大島淳一 저 ——

● 「잠재의식의 힘」
—— 桑名央 저 ——

● 「잠재능력 —— 그 개발과 활용법」
—— 稻田太作 저 ——

● 「관리자를 위한 행동과학 입문」
—— P. 하시, K. H. 브랜차드 저 ——

● 「마음의 지침」
—— 高橋信次 저 ——

● 「영계(靈界)」
—— 長轉幹彦 저 ——

● 「행복의 티켓」
—— 山中轉士 저 ——

● 「마음과 육체와 운명」
—— 德久克己 저 ——

● 「비법 요가 입문」
—— 藤本憲革 저 ——

****

● 『불법 입문 ② 생활 속에 있는 불교 용어편』
                                —— 聖教新聞社 편 ——

● 『우주사전(宇宙事典)』
                                —— 草下英明 저 ——

● 『초능력 세계의 7거인(巨人)』
                                —— 中岡俊哉 저 ——

● 『당신은 이렇게 해서 성공한다』
                                —— 大島淳一 저 ——

● 『자기를 움직이는 힘——마이어의 행동 법칙』
                                —— 海藤守 저 ——

● 『운을 여는 법——당신은 미래를 예지할 수 있다』
                                —— 헤럴드 셔먼 저 ——

● 『셀프 콘트롤의 의학』
                                —— 池貝酉次 저 ——

● 『카네게 명언집』
                                —— 드로시 카네기 저 ——

● 『생명을 말한다』
                                —— 池田太作 저 ——

● 『무의식과 정신분석』
                                —— 잔 폴 샬리에 저 ——

● 『문장 심리학 입문』
                                —— 波多野完治 저 ——

● 『인간이라는 것』
                                —— 時實利彦 저 ——

● 『직관력(直觀力)』
                                —— 新崎盛紀 저 ——

인생을 자기 뜻대로 사는 법

2019년 12월 20일 인쇄
2019년 12월 25일 발행

지은이 | 시마즈 히로이치
옮긴이 | 송 운 하
펴낸이 | 김 용 성
펴낸곳 | **지성문화사**
등 록 | 제5-14호(1976.10.21)
주 소 | 서울 동대문구 신설동 117-8 예일빌딩
전 화 | 02)2236-0654
팩 스 | 02)2236-0655, 2236-2952